Schlaue Tricks mit Physik

Bernhard Weingartner

Schlaue Tricks mit Physik

Mit illustrierten Anleitungen von Jürgen Schremser

Verlag Perlen-Reihe

Die Beschreibung der in diesem Buch enthaltenen Experimente erfolgt nach bestem Wissen und Gewissen. Die Durchführung der Experimente erfolgt auf eigenes Risiko, die Aufsicht eines Erwachsenen wird empfohlen. Eine Haftung für etwaige Unfälle oder Schäden jeglicher Art wird aus keinem Rechtsgrund übernommen.

Aus Gründen der besseren Lesbarkeit wird auf die gleichzeitige Verwendung männlicher und weiblicher Sprachformen verzichtet. Sämtliche Personenbezeichnungen gelten selbstverständlich für beiderlei Geschlecht.

Seit 2011 wird die Perlen-Reihe umweltfreundlich aus FSC-zertifiziertem Papier hergestellt, mit Pflanzenölfarben gedruckt und klimaneutral produziert.
FSC, Zert.-Nr. C011912 | Klimaneutral drucken, 1.000,42 kg Kompensation CO

Impressum
Band 698
2. Auflage 2012
Erstauflage 2011
© Verlag Perlen-Reihe Wien, 2012
www.perlen-reihe.at
Alle Rechte vorbehalten

Umschlagkonzept: David Wagner
Umschlagillustration: Peter Jani
Lektorat: Wolfgang Straub
Typographie und Satz: Sheila Ehm
Druck und Bindung: Grasl FairPrint
Printed in Austria
ISBN 978-3-99006-018-6

Inhalt

Vorwort

Das „Physikmobil" ist ein wunderschönes altes Lastenfahrrad mit einer großen Holzkiste. Darin findet man neben einer Luftpumpe, leeren Plastikflaschen, Strohhalmen und einer Akku-Bohrmaschine lauter ganz normale Alltagsgegenstände. Gemeinsam mit zwei, drei Kolleginnen oder Kollegen von der Technischen Universität Wien fahre ich damit immer wieder in Parks oder Fußgängerzonen. Dort zeigen wir ein paar verblüffende Experimente – und alle können das gleich selbst ausprobieren.

Als Erstes kommen immer Kinder und umringen neugierig das „Physikmobil". Es dauert nicht lange, da werden rundherum die Augen aufgerissen (auch der eine oder andere Mund steht oft ziemlich lange offen). Kurze Zeit später wollen meist auch ältere Jugendliche wissen, was da passiert. Erwachsene sind zwar auch neugierig, bleiben aber in einem gewissen Sicherheitsabstand. Die müssen wir dann erst persönlich einladen, damit sie näher kommen und selbst etwas ausprobieren.

Plötzlich wollen alle wissen, wer die baumelnde Schraube in Schwung bringt, wie die Wolke in der Flasche entsteht und warum der Strohhalm so laut klingt. Und vor allem: Wie man diese Experimente baut. Dafür braucht man eigentlich nur ein paar schlaue Tricks. Genau die findest du in diesem Buch. Zu jedem Experiment gibt es ein ganz einfaches „Rezept" mit Zutaten und Anleitung. Und wenn du wissen willst, was dahinter steckt, lies weiter – gleich danach kommt jeweils eine kurze Erklärung. Bei einigen Experimenten erklärt der „schlaue Fuchs" zusätzlich, wofür dasselbe physikalische Phänomen noch verantwortlich ist, wo du es erleben kannst und was man dabei erforschen kann.

Nach meiner Erfahrung kann man etwa ab 9 Jahren die Experimente alleine bauen – und Freunde und Familienmitglieder dann raten lassen, was denn dabei passiert. Nur wenn

ACHTUNG!
Lass dir von einem Erwachsenen helfen!

dabeisteht, nimm das bitte wirklich ernst! Jüngere Kinder brauchen wahrscheinlich Hilfe beim Lesen und Basteln, können die meisten Experimente dann aber auch selbst ausprobieren. Falls einmal etwas nicht sofort funktioniert: Nicht ärgern – einfach noch einmal von vorne beginnen und die Tipps in der Anleitung beachten. Beim zweiten Mal klappt's oft besser.

Viel Spaß!

Bernhard Weingartner

PS: Unter www.physikmobil.at findest du Infos, Bilder und Termine – vielleicht kommt das „Physikmobil" ja auch einmal in deinen Lieblingspark.

Strohhalm-Tröte

Zutaten:
Strohhalm (ideal: weiß-bunt gestreifter
Strohhalm mit Knick)
Schere

Bei diesem einfachen Experiment gibt es nur zwei Arbeitsschritte: Drück den Strohhalm am langen Ende ganz flach – am besten mit den Fingernägeln von Daumen und Zeigefinger, wie beim Falten von Papier. Jetzt musst du noch das flachgedrückte Ende von beiden Seiten schräg anschneiden. So entsteht ein „Krokodilmaul", das zwei Zentimeter lang und am vorderen Ende drei Millimeter breit ist.

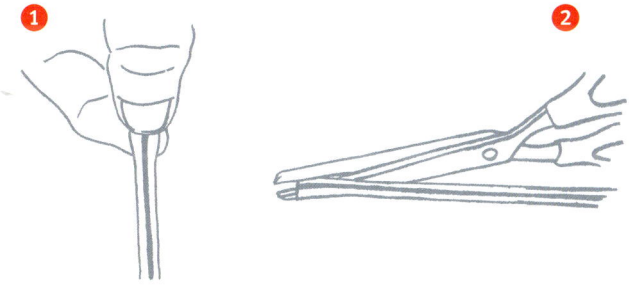

Damit ist die Tröte auch schon fertig. Stecke nun das flachgedrückte Ende so weit in den Mund, dass deine Lippen das Krokodilmaul nicht zuquetschen und blase kräftig hinein. Durch den Luftstrom geht das Krokodilmaul in deinem Mund sehr schnell auf und zu und bringt die Luft im Strohhalm zum Schwingen. Und genau dieses Schwingen hören wir als lauten Ton.

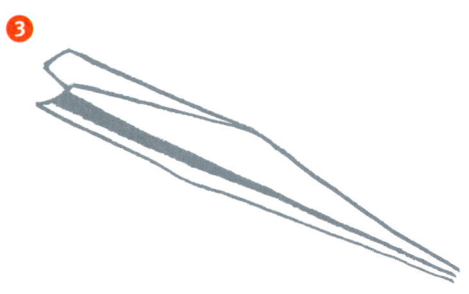

Falls es nicht gleich funktioniert:
- nochmals flachdrücken
- Strohhalm weit genug in den Mund schieben
- kräftig blasen
- das Krokodilmaul darf nicht zu spitz sein, vorne sollen drei Millimeter breite „Lippen" bleiben
- diese Lippen müssen genau aufeinander liegen – nicht aneinander vorbei-„beißen"

Wie ändert sich die Tonhöhe?

Wenn du den Strohhalm am hinteren Ende Stück für Stück kürzer schneidest, ändert sich die Tonhöhe. Je kürzer der Strohhalm, desto höher wird der Ton. Im langen Strohhalm ist eine lange Luftsäule, die langsam hin und her schwingt und einen tiefen Ton erzeugt. Im gekürzten Strohhalm hingegen ist eine kurze, leichte Luftsäule, die viel schneller schwingen kann und einen höheren Ton erzeugt. Das ist genau so wie bei einer Geige und einem Kontrabass. Die Geige hat kurze Saiten. Wenn man die anzupft, schwingen sie schnell hin und her und erzeugen einen hohen Ton. Die langen Kontrabass-Saiten schwingen im Vergleich viel langsamer und hören sich daher viel tiefer an.

Das „Krokodilmaul" deiner Strohhalm-Tröte funktioniert übrigens genau so wie das Mundstück einer Oboe. Musiker schnitzen sich dieses „Doppelrohrblatt" in mühsamer Kleinarbeit aus einer ganz bestimmten Pflanze und tüfteln daran so lange herum, bis ihr Instrument perfekt klingt. Kannst du den Ton deiner Tröte auch noch verbessern?

Der einfachste Elektromotor der Welt

Zutaten:
1 Batterie (AA)
1 Schraube (ca. 3 cm lang)
ca. 10 cm Kabel mit blanken Enden (abisoliert)
1 kleiner, starker Scheiben-Magnet

Wer „Supermagnete" im Internet sucht, kommt schnell auf eine Seite, wo man erstaunlich starke Magnete in verschiedensten Größen bestellen kann. Zwei zündholzschachtelgroße Magnete reichen zum Beispiel aus, um ein Fahrrad an einen Eisenbalken zu hängen. Aber Achtung – falls man sich dabei die Finger einzwickt, tut es richtig weh!

Ungefährlicher sind die winzigen Scheibchenmagneten. Die sind kleiner als Smarties und sehen aus wie Uhrenbatterien. Damit kannst du den einfachsten Elektromotor der Welt bauen: Gib den Magneten auf den Kopf einer ganz normalen Schraube. Jetzt ist die Schraube auch magnetisch und kann mit der Spitze an eine Batterie gehängt werden. Halte die Batterie senkrecht zwischen Daumen und Mittelfinger. Nimm ein kurzes Stück blanken Draht und klemme es mit dem Zeigefinger auf den Pluspol der Batterie (das ist das Ende mit dem kleinen silbernen Zapfen). Die andere Hand nimmt das freie Drahtende und berührt damit ganz sanft den baumelnden Magneten an der Seite. Sobald sich die beiden Metalle berühren, kann

der Strom fließen und die Schraube beginnt sich erstaunlich schnell zu drehen. So schnell, dass die ver-
wirbelte Luft rund um die Schraube ein singendes Geräusch erzeugt. Und vielleicht spürst du auch, dass der
Draht warm wird.

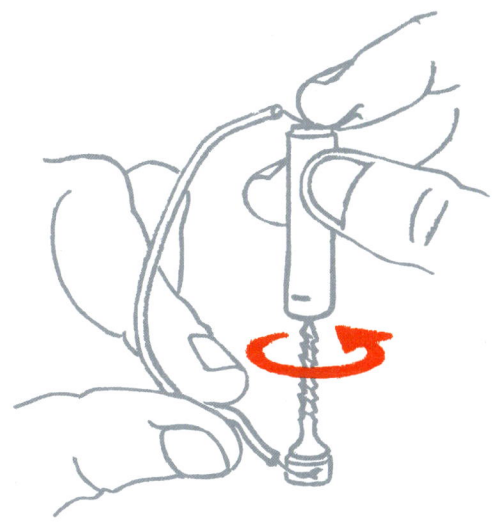

Auch wenn du den Draht wieder zurückziehst,
dreht sich die Schraube noch verblüffend lange weiter.
Gebremst wird sie hauptsächlich durch den Luftwi-
derstand. Am spitzen Aufhängepunkt der Schraube
entsteht hingegen fast keine Reibung.

Wie funktioniert dieser Motor?

Der Strom will vom Pluspol der Batterie zum Minuspol fließen. Dazu muss es aber einen lückenlosen Weg durch leitende Materialien geben. Draht, Magnet und Schraube bestehen alle aus Metall und können sehr gut Strom leiten. Sobald sich Draht und Magnet berühren, fließt ein starker Strom. Dieser bewirkt zwei Dinge: Der Draht wird warm und magnetisch. Der magnetische Draht und der kleine Magnet unten an der Schraube ziehen sich gegenseitig an. Dabei spielt auch eine Rolle, dass die Elektronen beim Durchfließen durch den Magneten seitlich abgelenkt werden. Dadurch wird der Magnet samt Schraube in Schwung gebracht. Und weil der Magnet für sein kleines Gewicht sehr stark ist und ein ziemlich starker (aber für dich völlig ungefährlicher) Strom durch den Draht fließt, wird er nach kurzer Zeit sehr schnell.

Dieser Motor wird als Unipolarmotor gebaut. Er ist sehr leicht zu bauen und kann sehr schnell auf hohe Drehzahlen beschleunigen. Dabei braucht er aber ziemlich viel Strom. Die Batterie ist schon nach kurzer Zeit leer. Für technische Anwendungen wie ferngesteuerte Autos, elektrische Zahnbürsten oder Bohrmaschinen werden daher etwas kompliziertere, aber sparsamere Elektromotoren verwendet. Im Prinzip funktionieren sie aber genau so wie dieser einfache Schraubenmotor.

Der schlaue Fuchs erklärt

Ganz ähnlich funktioniert die Sicherung bei dir zu Hause. Beim Sicherungskasten kommt der Strom von draußen in die Wohnung. Von dort wird er dann über Kabel zu den Steckdosen und Lampen geleitet. Dabei gibt es jeweils zwei Kabel. Das kann man sich so vorstellen: Durch das eine Kabel fließt der Strom zur Steckdose. Dort ist zum Beispiel der Mixer eingesteckt. Der Strom bringt den Elektromotor im Mixer in Schwung und fließt durch das zweite Kabel wieder von der Steckdose zurück zum Sicherungskasten und nach draußen. Wenn aber zu viele Geräte gleichzeitig angeschaltet sind, muss ein starker Strom durch die Kabel fließen und sie können heiß werden und im schlimmsten Fall einen Brand auslösen. Bevor das passieren kann, schaltet die Sicherung im Sicherungskasten rechtzeitig den Strom ab. Wenn man gleichzeitig Staubsauger, Geschirrspüler, Wasserkocher und vielleicht eine Bohrmaschine benutzt, dann kann es passieren, dass die Sicherung „rausfliegt" – dann geht gar nichts mehr.

So eine Sicherung ist im Grund ganz einfach aufgebaut: ein Draht und daneben ein Magnet. Wenn zu viel Strom durch den Draht fließt, wird er warm und magnetisch. Genau das hast du ja beim Schraubenmotor auch bemerkt. Bevor der Draht heiß werden kann, zieht seine magnetische Kraft den Magneten zu sich. Dabei wird ein Schalter umgestellt und der Strom sofort ausgeschaltet. Das kann zum Beispiel passieren, wenn man Wasserkocher, Waschmaschine und Staubsauger gleichzeitig benutzt. Diese Geräte brauchen alle sehr viel Strom und das könnte gefährlich werden. Aber die Magnetsicherung passt auf, dass nichts passiert: Mit einem hörbaren „Klack" schaltet sie den Strom einfach aus.

Ein statisches Wunder

Zutaten:
4 gleiche Wassergläser
3 gleiche Messer

Mit dieser kniffligen Aufgabe bringst du deine Freunde und Bekannten garantiert zum Knobeln. Aber versuche zuerst selbst, ob du auf die Lösung kommst. Stelle drei gleich große Gläser verkehrt im Dreieck auf den Tisch. Der Abstand soll so groß sein, dass die Messer zwischen den Gläsern liegen können. Jetzt kommt die Aufgabe: Baue aus den drei Messern auf den drei Glas-Stützen eine Terrasse, so dass das vierte Glas sicher in der Höhe steht. Du darfst die Gläser nicht verschieben und nur die drei Messer verwenden.

Erst umblättern, wenn du mindestens zehn Minuten geknobelt hast!

Die einfache Lösung

Wenn du die drei Messer in der Mitte in ein Dreieck verkeilst, dann stützt sich jedes auf seinem Nachbarn ab und alle drei halten sich gegenseitig. Durch die Belastung mit dem Glas wird die „Messer-Terrasse" sogar stabiler! Das Dreieck ist die einfachste und gleichzeitig stabilste geometrische Form. Ein Tisch mit drei Beinen kann nicht wackeln. Aber auch Stahlkonstruktionen wie Baukräne, Brücken oder der Eiffelturm sind aus lauter stabilen Dreiecken aufgebaut – genauso wie der Rahmen eines Fahrrads.

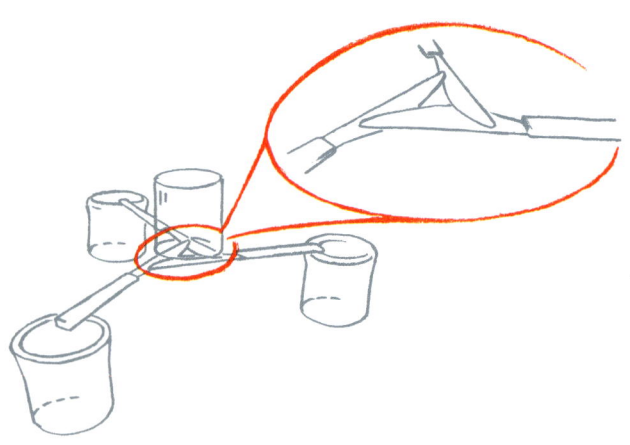

Cola-Dose schrumpfen mit Dampf

Zutaten:
leere Getränkedose (0,5 l)
Grillzange oder Küchenhandschuh
Wasserkocher
Krug, gefüllt mit kaltem Wasser

ACHTUNG! Verbrühungsgefahr! Nur gemeinsam mit einem Erwachsenen ausprobieren!

Eine leergetrunkene Getränkedose ist viel zu schade zum Wegwerfen – vorher kannst du noch ein verblüffendes Experiment damit machen: Fülle die Dose mit Wasserdampf. Sie wird dabei aber sehr heiß – also auf keinen Fall mit der bloßen Hand anfassen. Halte die Dose entweder mit einem Küchenhandschuh (so einer für heiße Backbleche) oder mit einer Grillzange fest. Am einfachsten erzeugst du Wasserdampf mit dem Wasserkocher in der Küche. Lass darin Wasser (ca. eine Tasse) kochen – beim Ausguss steigt dann gut sichtbar Dampf auf. Ge-

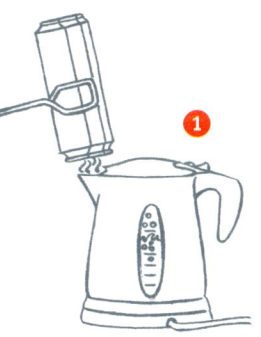

nau dorthin hältst du die Öffnung der am Kopf stehenden Dose, der Dampf füllt den Innenraum. Nach ein paar Sekunden schaltet sich der Wasserkocher automatisch ab. Warte also kurz, schalte ihn erneut ein und fang den aufsteigenden Dampf ein. Wiederhole diesen Schritt noch zweimal, damit die Dose vollständig mit Dampf gefüllt ist. Jetzt die Dose schnell mit der Öffnung voraus in einen Krug mit kaltem Wasser tauchen. Wenn du Glück hast, gibt es einen deutlich hörbaren Knall und die Dose ist fast so flachgequetscht, als wäre ein Elefant draufgetreten.

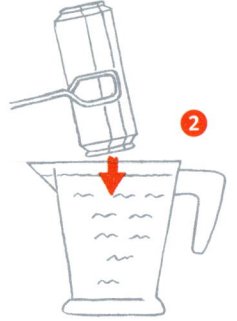

Falls es nicht gleich funktioniert hat:
Dose noch einmal sorgfältig mit Dampf füllen und beim Eintauchen in den Krug gleichzeitig ein Glas mit kaltem Wasser über die Dose leeren.

Was passiert da?

Bei 100°C beginnt Wasser zu kochen: Dampfblasen bilden sich, steigen auf und verdrängen die Luft aus der Dose. Wenn du die Dose dann ins kalte Wasser tauchst, kühlt der Dampf im Inneren ab und wird wieder flüssig. Wasser braucht aber viel, viel weniger Platz als Dampf. Plötzlich ist also fast nichts mehr drin in der Dose – es entsteht ein sogenannter Unterdruck. Normalerweise würde jetzt Luft in die Dose strömen. Da die Öffnung aber unter Wasser ist, kann keine Luft hinein. (Oder kannst du unter Wasser atmen?) Die Dose versucht zwar Wasser einzusaugen. Bei plötzlicher Abkühlung (vor allem mit der zusätzlichen Wasserglas-Dusche) geht das aber nicht schnell genug, der Unterdruck wird zu stark und die Dose wird von innen zerquetscht.

Verantwortlich dafür ist der Luftdruck. Luft ist nicht sehr schwer: Ein Liter davon (also die Luft in einer ausgetrunkenen Milchpackung) hat eine Masse von etwas mehr als einem Gramm, soviel wie ein Viertel von einem Blatt Papier. In unserem Alltag merken wir gar nichts davon, da wir ständig in einem „Luftmeer" tauchen. Das kann man sich so vorstellen: Fülle die Milchpackung randvoll mit Wasser. Wie schwer ist sie dann? Ziemlich genau ein Kilogramm. Das ist ein ganz schönes Gewicht. Wenn du sie bis zum nächsten Schwimmbad tragen musst, tun dir sicher nach einiger Zeit die Arme weh. Sobald du aber mit der wassergefüllten Milchpackung im Becken untertauchst, wiegt sie plötzlich gar nichts mehr! Sobald das eingeschlossene Wasser im Becken „taucht", hat es kein Gewicht mehr. Trotzdem hat das Wasser immer noch eine Masse von einem Kilogramm. Genauso hat ein Liter Luft kein Gewicht, solange er von Luft umgeben ist – aber eine Masse von 1,3 Gramm.

Das Gewicht der Luft ist für uns nicht zu spüren, drückt aber trotzdem auf den Boden. Wenn sehr viel davon aufgetürmt wird, kommt ein ganz schön großer Druck zusammen. Unsere Erde ist von einer ca. 100 Kilometer dicken Luftschicht umgeben. Stell dir vor, du malst auf die Straße mit Kreide ein 1 x 1 Meter großes Quadrat. Auf dieses Quadrat drückt eine tausende Meter hohe Luftsäule. Nach oben hin wird die Luft zwar immer dünner, alles zusammengezählt drückt aber auf unser Straßenquadrat ein Gewicht von ca. zehn Tonnen! Das ist so schwer wie ein großer Lastwagen. Anders gesagt: Es herrscht ein Luftdruck von 1 Bar.

Solange unsere leere Getränkedose offen am Tisch steht, wirkt dieser enorme Druck innen und außen gleich stark und nichts passiert. Wenn aber die Luft durch Dampf verdrängt wird und sich dieser Dampf beim Abkühlen auf ein paar Topfen Wasser verkleinert, dann ist plötzlich der Druck außen viel größer als innen. Jetzt macht sich die Wucht des Luftdrucks als deutlich hörbarer Knall bemerkbar. Und die Dose ist so zerquetscht, dass sie in der Altmetallsammlung auch viel weniger Platz braucht!

Tipp:

Es gibt noch eine Möglichkeit, die Dose mit Dampf zu füllen: Gib zwei Teelöffel Wasser in die leere Dose und erhitze sie direkt über einer Flamme. Mit einer Teelicht-Kerze braucht man einiges an Geduld, aber direkt am Gasherd (auf kleinster Flamme) kocht das Wasser in der Dose sofort und das Experiment klappt am besten. Aber Achtung: In der Dose sind noch ein paar Tropfen kochendes Wasser, die beim Umdrehen als Erstes herauskommen. Es ist deutlich besser, sie rinnen gezielt in den Wasserkrug als zum Beispiel auf deine Arme oder Beine ...

Tintenringe im Glas

Zutaten:
Wasserkrug
Tintenpatrone

Bei diesem Experiment entsteht ein kleines Kunstwerk. Fülle ein großes Glasgefäß (Wasserkrug, Gurkenglas) mit Wasser und stelle es ein paar Minuten auf die Seite, damit das Wasser ganz still steht. Jetzt brauchst du nur noch eine halbvolle Tintenpatrone aus deiner Füllfeder. Halte die Patrone mit der Öffnung nach unten knapp über die Wasseroberfläche und drücke sie vorsichtig zusammen, sodass genau ein Tropfen herunterfällt. Manche Patronen lassen sich nur schwer zusammendrücken – nimm Daumen und Zeigefinger von beiden Händen oder lass dir von jemandem helfen. Wichtig ist, dass die Patrone dabei nicht ins Wasser eintaucht. Versuche mehrere „Fallhöhen" – von ca. zwei Zentimeter bis ganz knapp über der Wasseroberfläche – aus. Mit etwas Glück bildet der Tropfen unter Wasser einen hübschen kleinen Ring und schießt mit erstaunlicher Geschwindigkeit in die Tiefe. Dann teilt sich der Ring auf. Er sieht aus wie eine verzweigte Wasserpflanze und es entsteht ein richtiges kleines Kunstwerk. Wenn du aber zu viele Tropfen reingeschossen hast, dann kommt es zum „Tintenfischeffekt": Man sieht gar nichts mehr. Also Wasser tauschen und weiter geht's!

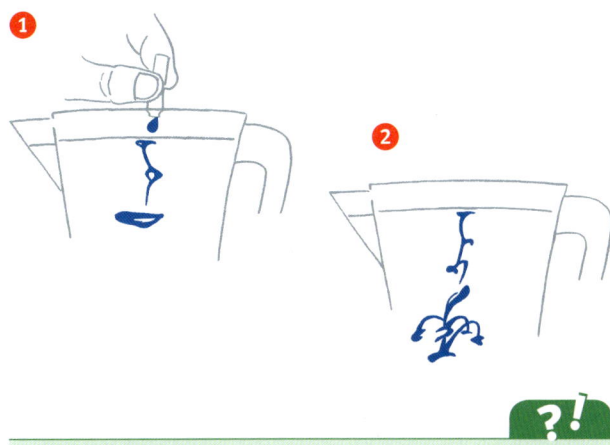

Was ist da los?

Tinte ist einfach nur gefärbtes Wasser. Wenn man einen Tropfen davon in den Wasserkrug gibt und umrührt, dann verteilt sich die Tinte gleichmäßig und man erkennt kaum eine Färbung. Wenn das Wasser aber ganz still steht und der Tropfen sachte hineinfällt, dann mischen sich die Flüssigkeiten nicht sofort. Manchmal wird der Tropfen beim „Aufprall" in der Mitte auseinander gerissen und bildet einen Ring. Um zu verstehen, was dann passiert, nimm ein Gummiband zwischen Daumen und Zeigefinger beider Hände. Bewege beide Daumen nach innen und die Zeigefinger nach außen. Das Gummiband wird dabei durchgeknetet. Genau die gleiche Bewegung macht der Tintentropfen auf seinem Weg durch den Wasserkrug.

Der schlaue Fuchs erklärt

Wie schön deine Tintenkunstwerke auch sind, irgendwann verschwinden sie. Das Wasser ist nämlich nur scheinbar ruhig. Es besteht aus unheimlich vielen winzig kleinen Wasserteilchen, die sich ständig nervös hin und her bewegen. Je wärmer das Wasser, desto nervöser werden sie. Das kannst du ganz einfach untersuchen. Fülle ein Glas mit möglichst kaltem und daneben eines mit heißem Wasser. Warte ein paar Minuten, bis das Wasser scheinbar völlig still steht. Erzeuge in beiden Gläsern ein Tintentropfen-Kunstwerk. Jetzt musst du nur noch warten. Falls du eine Kamera zur Hand hast, fotografiere die Gläser alle 30 Sekunden von der Seite.

Was wird passieren? Im heißen Wasser löst sich das Kunstwerk schnell auf, weil die nervöse Bewegung der Wasserteilchen die Tinte einfach durchmischt. Im kalten Wasser hingegen kann es viel länger erhalten bleiben. Aber auch dort stehen die Teilchen nicht still und nach einiger Zeit haben sie die Tinte im ganzen Glas gleichmäßig verteilt.

Metronome im Gleichschritt

Zutaten:
3 Metronome
dünnes, glattes Schneidbrett
2 leere Getränkedosen

Wenn Musiker genau im Takt spielen wollen, dann nehmen sie ein Metronom zu Hilfe. Dieses kleine Gerät gibt ganz regelmäßige Töne von sich und man kann genau einstellen, wie viele Schläge es in einer Minute sein sollen. Heute werden meist piepsende elektronische Metronome verwendet, aber viele Leute haben noch ein Aufzieh-Metronom mit Pendel zu Hause. Es hat einen großen Vorteil: Es funktioniert ohne Batterien. Wenn du bei Freunden, Nachbarn oder in der Schule drei solche Geräte ausleihen kannst, lässt sich ein einfaches Experiment aufbauen, das auch alle Erwachsenen verblüffen wird.

Ziehe die drei Metronome auf und stelle sie nebeneinander auf ein dünnes, leichtes Brett (z. B. Schneidbrett aus der Küche). Wähle bei allen drei denselben schnellen Takt (z. B. 188 Schläge pro Minute) und starte sie. Das wird ein völlig unregelmäßiges Geklapper erzeugen.

Hebe das Brett jetzt vorsichtig auf und stelle es auf zwei Rollen. Leere Getränkedosen sind ideal dafür. Aber Achtung: Die Unterlage muss perfekt eben sein, sonst rollt das Brett davon. Am besten geht das auf der

Küchenanrichte. Nur dürfen dort keine Brösel die Bewegung der Rollen behindern.

Dann passiert etwas Erstaunliches: Das Brett bewegt sich ganz leicht hin und her. Und nach kurzer Zeit finden die Metronome zu einem gemeinsamen Takt. Sie schlagen alle genau gleichzeitig. Das wirkt ein bisschen gespenstisch.

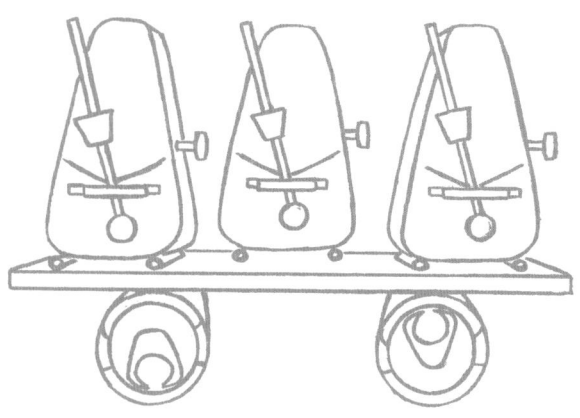

Falls es nicht gleich funktioniert:
- Ist das Brett zu schwer?
- Können sich die Dosen wirklich ungehindert bewegen? Sind sie eingedellt oder gibt es Brösel auf der Unterlage?

Was passiert da?

Die Metronome brauchen keinen Dirigenten, der ihnen den gemeinsamen Schlag vorgibt. Sie können sich ganz alleine aneinander anpassen. Dieses Phänomen nennt man „Selbstorganisation". In Amerika gibt es blinkende Glühwürmchen, die sich in lauen Juninächten gemeinsam auf einen Baum setzen. Zuerst blinkt jeder für sich und es gibt ein totales Chaos. Nach kurzer Zeit finden sie aber einen gemeinsamen Rhythmus und blinken perfekt zugleich. Manchmal sitzen hunderttausende Glühwürmchen auf einem Baum und machen so – ganz ohne Dirigent – eine atemberaubende Lasershow!

Der schlaue Fuchs erklärt

Bei uns Menschen gibt es auch Selbstorganisation: Wenn ein Konzert dem Publikum besonders gut gefallen hat und alle ganz begeistert klatschen, dann passiert manchmal etwas Erstaunliches: Zuerst klatscht jeder für sich in völligem Durcheinander. Mit der Zeit finden aber ein paar hundert Menschen plötzlich einen gemeinsamen Rhythmus und klatschen alle genau im selben Takt – wie bei den Glühwürmchen. Die „Welle" im Fußballstadion ist ebenso ein Beispiel dafür, dass viele Menschen sich zu einer geordneten Bewegung organisieren, obwohl niemand ein Zeichen oder gar einen Befehl dafür gegeben hat. So wie das Phänomen, dass plötzlich sehr viele Menschen dieselben Schuhe, Kleidermarke oder Federpennale kaufen oder dieselbe Musik hören wollen. Und auch eine Massenpanik, wo alle Menschen in dieselbe Richtung laufen und sich gegenseitig stoßen und sogar verletzen, ist im Prinzip eine Form von Selbstorganisation.

Weniger gefährlich, dafür umso unterhaltsamer sind sogenannte „Flashmobs": Ein Gruppe von Menschen verabredet sich und mischt sich an einem öffentlichen Platz (Bahnhofshalle, Supermarkt) unter die Leute. Zu einem vorher exakt ausgemachten Zeitpunkt beginnen alle gleichzeitig mit einer überraschenden Aktion. Im Internet findet man Videos, wo die Flashmob-Teilnehmer zu tanzen beginnen oder einfach in ihrer Bewegung „einfrieren". Für ein paar Minuten bleiben sie dann genau in dieser Stellung stehen – egal, ob sie gerade Zeitung lesen, aus einem Becher trinken, laufen oder sich küssen. Für alle anderen wirkt das natürlich sehr seltsam und sogar richtig beängstigend. Dementsprechend unterhaltsam ist es, die Reaktionen der Leute auf den Videos zu beobachten. Genauso plötzlich wie sie eingefroren sind, „tauen" alle gleichzeitig wieder auf und tun so, als wäre nichts gewesen.

Strohhalm-Taucher

Zutaten:
Strohhalm mit Knick
Plastikflasche
große Büroklammer (5 cm lang)

Dieser Mentalistentrick geht am einfachsten mit einer fünf Zentimeter langen Büroklammer, die passt genau zu einem normalen Knickstrohhalm. Ziehe den Strohhalm wie eine Ziehharmonika auseinander und schneide das lange Stück so ab, dass er zwei gleich lange „Beine" hat. Jetzt die Büroklammer so aufbiegen, dass ein möglichst gerader Draht entsteht und diesen vorsichtig in den Strohhalm stecken. Achtung: Den Strohhalm dabei nicht verletzen!

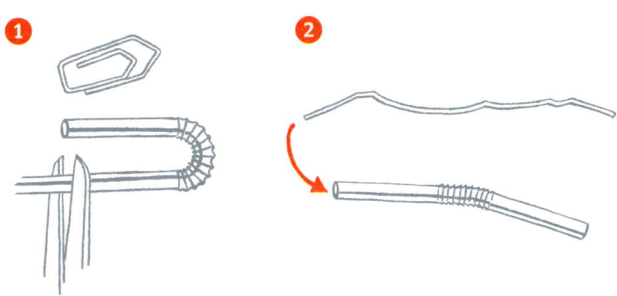

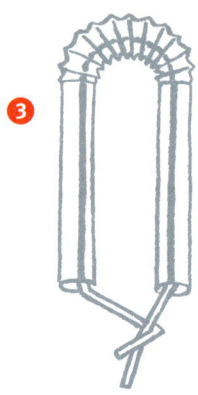

❸

Biege den Draht samt Strohhalm ganz um und ver-
drille die herausragenden Drahtenden miteinander –
fertig ist dein Mentalisten-Taucher! Der kommt jetzt
– mit den Beinen voran – in eine randvoll mit Wasser
gefüllte Plastikflasche, Deckel fest drauf und schon
kannst du vor dein Publikum treten: Stell die Flasche
auf einen Tisch und fasse sie mit beiden Händen. Star-
re den Taucher mit echtem Mentalistenblick an und
befehle ihm beschwörend: „Hinunter! Hinunter!" Du
kannst auch dein Publikum um Unterstützung bitten,
und ihr redet alle gemeinsam auf den Strohhalm ein.
Jetzt musst du nur unbemerkt die Flasche zusammendrücken, und schon sinkt der Taucher wie durch Zau-
berei nach unten. Bevor du den Griff lockerst, befehle
deutlich hörbar „Und jetzt hinauf!" und er schwebt
nach oben.

Was passiert da?

Der schwere Metalldraht zieht im Wasser nach unten, aber der luftgefüllte Strohhalm hält ihn wie ein Schwimmreifen an der Oberfläche. Wasser kann man nicht zusammendrücken. Wenn du auf die Flasche drückst, wird die Luft im Strohhalm kleiner. Schau genau hin: In beide Beine drückst du von unten Wasser hinein. Irgendwann ist die eingesperrte Luft so klein, dass sie das Gewicht des Drahtes nicht mehr halten kann und der Taucher geht unter. Sobald du auslässt, dehnt sich die Luft wieder aus, hat genügend Auftrieb und zieht das Metall wieder nach oben.

Das ist wie bei einer leeren Müslischale, die auf dem Wasser schwimmt. Wenn du Wasser in die Schale füllst, hat immer weniger Luft in der Schale Platz, bis sie irgendwann untergeht. Im Gegensatz zum Mentalisten-Taucher kann sie aber durch keine Beschwörung zum Auftauchen überredet werden.

Wichtig: Falls irgendjemand die Flasche auf den Kopf stellt, dann füllt sich der Strohhalm mit Wasser und der Taucher geht unter. Er lässt sich leicht wiederbeleben: Samt dem Wasser ins Waschbecken schütten, Wasser aus dem Strohhalm schütteln und die Flasche mit Wasser und Taucher wieder neu laden.

Der schlaue Fuchs erklärt

Genau nach dem gleichen Prinzip funktioniert die Schwimmblase, mit der Fische ganz gezielt auf- und abtauchen können. Man kann sich das vorstellen wie einen kleinen Luftballon im Inneren des Fischkörpers. Der Fisch kann die Größe der Schwimmblase gezielt ändern, indem er Sauerstoff aus seinem Blut hineinpumpt oder wieder hinauslässt. Bei mittlerer Füllung schwebt der Fisch genau im Gleichgewicht – versuche einmal, deinen Strohhalm-Taucher genau in der Flaschenmitte zu halten. Das erfordert volle Konzentration! Wenn der Fisch die Blase vergrößert, taucht er auf, beim Verkleinern geht's runter in die Tiefe.

Menschen, die mit Pressluftflaschen in die Tiefen des Meeres abtauchen, benutzen denselben Trick. Ein schwerer Bleigürtel sorgt dafür, dass man trotz luftgefüllter Brille und Luftschläuchen überhaupt nach unten sinken kann – genau wie die Büroklammer beim Strohhalm-Taucher. Der Taucheranzug hat aber auch eine Luftkammer – genau wie die Schwimmblase beim Fisch. Auf Knopfdruck füllt sich der „Luftsack" mit Luft aus der Taucherflasche und man steigt auf. Ein anderer Knopf öffnet ein Ventil, lässt die Luft wieder rausblubbern und der Taucher sinkt runter.

Mentalistentrick mit Sieb und Flasche

Zutaten:

kleines Küchensieb
wassergefüllte kleine Plastikflasche

Für diesen Mentalistentrick brauchst du nur ein Sieb und eine halbgefüllte Plastik-Wasserflasche. Um zu zeigen, dass du ein ganz normales Sieb verwendest, lass zuerst ein bisschen Wasser durchrinnen.

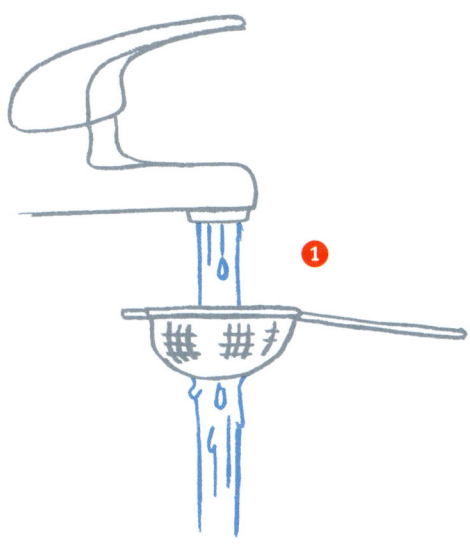

Dann schaue dem Sieb tief in die Augen und gib ihm – so streng du kannst – den Befehl: „Lass das Wasser nicht durch!" Jetzt ist wichtig, dass du das Sieb auf die Flaschenöffnung legst und erst dann die Flasche umdrehst. Gerade noch konnte das Wasser ungehindert fließen, jetzt lässt dasselbe Sieb keinen Tropfen durch. Allerdings nur, wenn das Sieb genau auf der Flasche aufliegt. Übe das am besten vorher im Freien oder im Badezimmer.

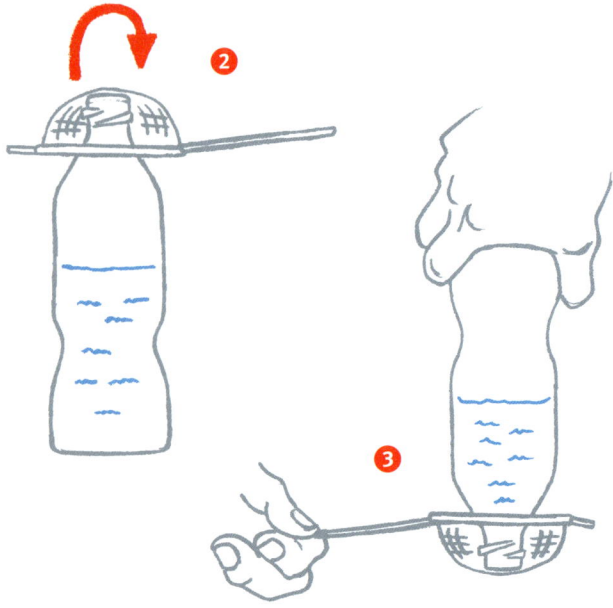

Was ist da los?

Schaue dir das Sieb nach dem gelungenen Experiment genau an. Dort, wo sich Wasser und Sieb berührt haben, bleibt eine hauchdünne Wasserhaut zurück. Diese zarte Haut verschließt die Sieblöcher. Erstaunlich ist, dass sie dem großen Gewicht des Wassers standhält. Da ist aber auch die Luft mit im Spiel. Wasser kann nur aus der Flasche hinaus, wenn gleichzeitig auch Luft hineinkommt. Deshalb fließt das Wasser immer so stockend aus der Flasche: eine Luftblase hinein und dann ein Schluck Wasser heraus. Die zarte Wasserhaut am Sieb ist stark genug, um die Luft draußen zu halten. Daher kann auch kein Wasser aus der Flasche fließen. Erst wenn du das Sieb ein bisschen kippst, kriecht die Luft daran vorbei und der Wasserschwall kommt heraus.

Schwimmende Büroklammer

Zutaten:
kleine Büroklammer
große Schüssel (z.B. Salatschüssel)
Teelöffel
Spülmittel

Eine Büroklammer besteht aus Metall und versinkt im Wasser normalerweise sofort. Mit ganz ruhiger Hand kannst du sie aber auf der Oberfläche schwimmen lassen. Fülle eine große Schüssel bis knapp unter den Rand mit Wasser. Lege die Büroklammer quer auf das äußerste Ende eines Löffelstiels, nähere dich ganz langsam dem Wasser und lege sie behutsam auf die Oberfläche. Du brauchst sicherlich ein paar Versuche, bis es gelingt. Wichtig: Nach jedem Fehlversuch Büroklammer und Löffelstiel sorgfältig abtrocknen, sonst hast du keine Chance.

Wieso kann Metall schwimmen?

Dieselbe Wasserhaut, die im vorigen Experiment das Wasser in der Flasche gehalten hat, nützt der Wasserläufer ganz gezielt aus. Dieses Insekt kann mit seinen langen Beinen auf dem Wasser laufen. Jede Wasseroberfläche verhält sich so, als wäre sie eine hauchdünne, gespannte Gummihaut, die sehr leicht reißt. Dieser Effekt entsteht durch die sogenannte Oberflächenspannung, die mit der gegenseitigen Anziehung der einzelnen Wasserteilchen zu tun hat. Der Wasserläufer kann auf der Wasserhaut problemlos gehen. Wenn du einmal Gelegenheit hast, dieses Insekt auf einem Teich oder Tümpel zu beobachten, erkennst du, dass unter seinen Beinen die Wasserhaut wie eine weiche Matratze eingedrückt wird. Wir Menschen sind dafür leider viel zu schwer, unter unseren Füßen reißt die Haut sofort.

Der schlaue Fuchs erklärt

Du kannst die Haut auch „schwächen": Wenn die Büroklammer obenauf schwimmt, gib einen Tropfen Spülmittel ein paar Zentimeter entfernt ins Wasser. Die Büroklammer wird sofort in Panik davonschwimmen. Sie weiß nämlich ganz genau: Das Spülmittel schwächt die Wasserhaut. Leider hilft der panische Fluchtversuch nichts. Nach wenigen Augenblicken sinkt die Klammer erbärmlich nach unten. Genauer gesagt passiert Folgendes: Das Spülmittel vermindert die gegenseitige Anziehung der Wasserteilchen. Wenn du das Spülmittel rechts von der Klammer hineingießt, ist dort eine schwächere Anziehung, während sie links immer noch so stark wie vorher bleibt. Dadurch entsteht an der Oberfläche eine Anziehung nach links in den Bereich ohne Spülmittel. Davon wird die Büroklammer mitgerissen. Nach kurzer Zeit verteilt sich aber das „Gift" auf die gesamte Oberfläche, schwächt überall die Haut und diese kann das Gewicht der Metallklammer nicht mehr tragen.

Nicht nur Spülmittel, sondern auch Hitze schwächt die Wasserhaut. In einer Tasse heißen Tees wird die Büroklammer nie auf der Oberfläche schwimmen. Je kälter das Wasser, desto leichter gelingt das Experiment.

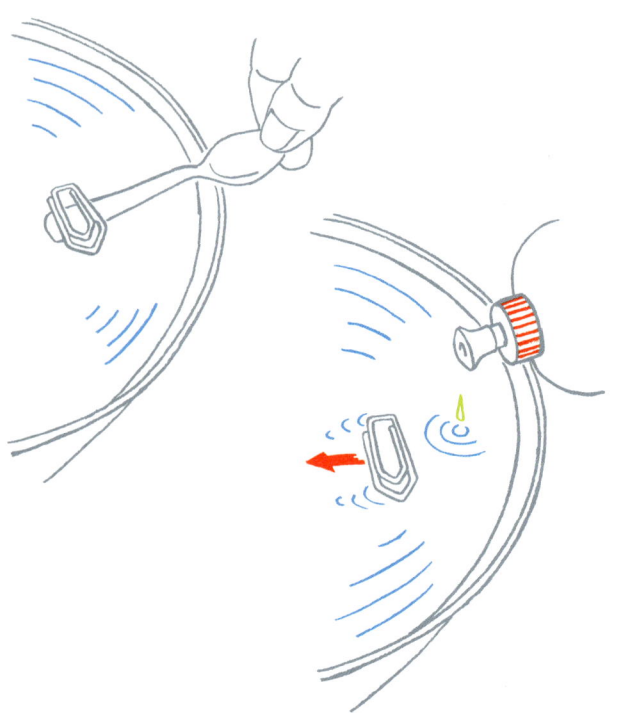

Isolierrohr-Flöte

Zutaten:
Plastikrohr (30 bis 40 cm lang, 2 bis 3 cm Durchmesser,
z. B. ein Elektroinstallationsrohr aus dem Baumarkt)
Säge mit kleinen Zähnen (z.B. Metallsäge)
scharfe Zange
kleine Feile

ACHTUNG! Beim Arbeiten mit der Säge sollte unbedingt ein Erwachsener dabei sein.

Falls dir oder deinen Mitmenschen der Klang der Strohhalm-Tröte zu nervig ist – hier kommt die Anleitung für ein wirklich wohlklingendes Instrument. Schneide aus dem Rohr zwei 1,5 Zentimeter breite Stücke ab (verwende dazu eine Säge mit kleinen Zähnen). Jetzt kommt der schwierigste Teil, bei dem du dir am besten von einem Erwachsenen helfen lässt. Einer dieser Ringe (Teil „C" in der Skizze) wird längs geschlitzt. Das geht am leichtesten mit einer scharfen Zange (Seitenschneider). Achtung: Die dünnen Plastikrohre splittern leicht, daher mit der Zange langsam Millimeter für Millimeter durch das Plastik beißen. In den zweiten Ring (B) musst du sogar zweimal hineinschneiden, so dass er eine ca. fünf Millimeter breite Lücke bekommt. In das restliche Rohr (A) schneidest

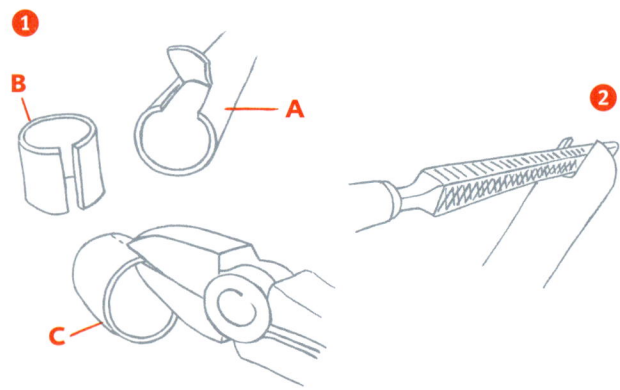

du einen ein Zentimeter breiten und ca. zwei Zentimeter langen Schlitz. Das Schlitz-Ende mit einer Feile
abschrägen. Jetzt nur noch den Lücken-Ring (B) in das
Rohr (A) hinein und den Schlitz-Ring (C) außen auf
das Rohr (A) stecken und fertig ist deine Isolierrohr-
Flöte. Zwischen den beiden Ringen bildet der lange
Schlitz von (A) einen schmalen Luftkanal. Genau dort
musst du deine Lippen ansetzen und gefühlvoll reinblasen. Wenn du alles richtig gemacht hast, erklingt
ein wunderschöner Flötenton.

Falls es nicht funktioniert:

- nicht zu fest blasen
- verschiebe die beiden Ringe gemeinsam vor oder
  zurück, um die Größe des „Tonlochs" zu verän-
  dern – idealerweise ist es ca. fünf Millimeter lang

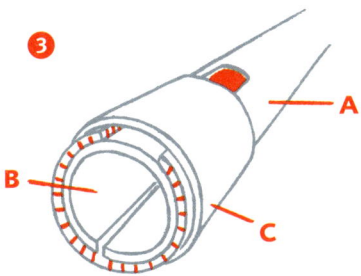

Um die Tonhöhe zu ändern, kannst du – wie beim Strohhalm – die Flöte immer kürzer absägen. Das ist aber erstens mühsam und zweitens ist es schade um das gute Rohr. Viel mehr Eleganz hat es, ein paar Löcher in das Rohr zu bohren. Jetzt kannst du wie auf einer richtigen Flöte spielen.

?!

Wie entsteht der Ton?

Wenn man eine Gitarre anzupft, wackelt die Saite schnell hin und her. Dadurch wird die Luft in Schwingung versetzt. Diese Luftschwingung bewegt sich durch den Raum zu unserem Ohr, findet ins Ohrloch, wandert durch den Gehörgang und trifft am Ende auf das Trommelfell. Diese kleine gespannte Haut wackelt dadurch genau so schnell wie die Gitarrensaite und wir hören den Ton. Je schneller die Saite schwingt, desto höher ist der Ton.

In unserer Flöte gibt es keine Saite, die hin und her schwingt. Woher kommt also der Ton? Der Luftstrom trifft auf die schräg abgefeilte Kante und wird dort verwirbelt. Dieser Wirbel bringt die „Luftwurst" im Flötenrohr zum Schwingen – sie bewegt sich vor und zurück. In einer kurzen Flöte ist die „Luftwurst" kurz und leicht, kann schnell schwingen und erzeugt einen hohen Ton. Je länger die Flöte, desto schwerfälliger und langsamer wird die Luftwurst und erzeugt einen umso tieferen Ton. Wenn du aber ein Loch in die Flöte bohrst, verkürzt sich die schwingende Luftwurst und der Ton wird höher, solange das Loch nicht mit dem Finger zugedeckt ist.

Der schlaue Fuchs erklärt

Genau nach dem selben Rezept lässt sich übrigens auch aus einem 2 m langen Abflussrohr mit 5 cm Durchmesser (bekommst du in jedem Baumarkt) ein richtiges Alphorn bauen. Die beiden Ringe (B) und (C) sollten dabei ca. 4 cm breit und der Schlitz im Rohr (A) ca. 5 cm lang sein. Blase zunächst ganz vorsichtig ins Mundstück, bis ein satter und sehr tiefer Ton zu hören ist. Durch gefühlvolles Steigern des Luftstroms kann man durch „Überblasen" den ersten Ton der sogenannten Naturtonreihe erzeugen. Statt einer großen Schwingung bilden sich zwei Teilschwingungen mit halber Wellenlänge und damit doppelter Tonhöhe (Oktav) aus. Anschließend lassen sich noch Quint, Quart, große und kleine Terz „überblasen".

Magischer Brei

Zutaten:
Kartoffel- oder Maisstärke
Wasser
Schüssel

Dieses Experiment macht richtig Spaß, hinterlässt in der Küche aber auch Spuren. Am besten vorher großflächig Zeitungspapier auslegen, dann geht das Putzen nachher viel leichter. Oder du probierst es im Freien aus.

Kartoffel- oder Maisstärke ist ein weißes Pulver, das man im Supermarkt kaufen und z. B. beim Kuchenbacken verwenden kann. Auch Puddingpulver besteht hauptsächlich aus Stärke. Fülle ein Glas Stärkepulver in eine große Schüssel und gieße vorsichtig Wasser dazu. Rühre dabei ständig mit einem Löffel oder direkt mit den Fingern um, bis ein dickflüssiger Brei entsteht. Den Mixer kann man dafür nicht verwenden, weil er sich zu schnell dreht. Je langsamer du rührst, desto besser mischt sich die Stärke mit dem Wasser. Falls der Brei zu dünnflüssig geworden ist, einfach noch ein bisschen Pulver dazugeben, umrühren – und fertig ist der magische Brei.

Nimm eine Handvoll Brei heraus und forme in schnellen, rollenden Bewegungen eine Kugel daraus. Das wird dir problemlos gelingen, solange du rollst und drückst. Aber sobald die Hände ruhen, löst sich die Kugel auf und rinnt durch die Finger zurück in die Schüssel. Der Stärkebrei ist eine sogenannte nichtnewtonsche Flüssigkeit. Wenn man sie schnell knetet, wird sie für kurze Zeit fest und belastbar. Nachher ist sie aber wieder flüssig. Du kannst auch einen Luftballon damit füllen und verknoten. Lass ihn auf den Boden fallen – er hüpft wie ein harter Gummiball zurück. Wenn er aber ruhig auf einer Fläche liegt, zerfließt der Brei im Inneren.

Wenn du mit den Fingern, der Faust oder mit einem Hammer auf die Oberfläche schlägst, fühlt sie sich steinhart an. Man kann sogar eine größere Menge davon in einen Kübel oder ein Becken füllen und über die Oberfläche laufen! Nur niemals stehen bleiben, sonst versinkt man sofort. Auf Youtube findet man unter „Auf dem Wasser gehen – Wien" das Video eines ziemlich spektakulären Experiments im Wiener Freibad Gänsehäufel mit einem ganzen Container voller Stärkebrei.

Was passiert da?

Das Stärkepulver besteht aus lauter winzigen Körnchen. Unter dem Mikroskop sehen sie aus wie Kieselsteine mit ganz rauer Oberfläche. Drückt man das trockene Pulver im Sackerl zusammen, dann knirscht es genauso, wie wenn man im Winter durch frisch gefallenen Schnee stapft. Die einzelnen Körnchen reiben aneinander und erzeugen dieses spezielle Geräusch.

Im Wasser lösen sich die Körnchen – im Gegensatz zu Zucker oder Salz – nicht auf. Das Wasser wirkt aber zwischen den Körnchen wie das Öl bei der Fahrradkette: Sie rutschen leicht aneinander vorbei und der Brei rinnt wie eine Flüssigkeit durch deine Finger. Wenn du aber drauf schlägst oder schnell knetest, dann wird das Wasser zwischen den Körnchen herausgepresst, die rauen Oberflächen verhaken sich ineinander und der Brei wird für kurze Zeit hart wie Beton.

Cola-Dosen ertränken

Zutaten:
1 Dose Cola
1 Dose Cola light
1 Packung Salz
durchsichtiger Kübel
Wasser

Fülle einen (nach Möglichkeit durchsichtigen) Kübel voll mit Wasser und gib beide ungeöffneten Cola-Dosen hinein. Zunächst werden beide Dosen untergehen. Lass langsam Salz ins Wasser rieseln und rühre dabei vorsichtig mit der Hand um. Irgendwann steigt eine der beiden Dosen auf, während die andere am Grund liegen bleibt.

Welche Dose steigt auf?

Wie der Name schon sagt: Cola-Light ist leichter, weil kein Zucker darin ist. Es enthält Aspartam, einen künstlichen Süßstoff. Der ist so süß, dass man pro Dose nur eine winzige Menge davon braucht. Normales Cola enthält hingegen mehr als 50 Gramm Zucker (das sind 18 Stück Würfelzucker!) in einer 0,5-Liter-Dose. Der fällt natürlich wortwörtlich ins Gewicht und macht die Dose schwerer.

Der hohe Zuckergehalt ist – neben dem enthaltenen Koffein – der Hauptgrund für die aufputschende Wirkung von Cola. Der Körper bekommt damit einen richtigen Energieschub. Die gleiche Zuckermenge könnte man in normalem Wasser oder Tee kaum trinken, es würde viel zu süß schmecken. Limonaden enthalten daher immer Zitronensäure, um den Zuckergeschmack zu überdecken. Mit bloßer Hand bemerkt man den Gewichtsunterschied zwischen den beiden Cola-Sorten kaum. Auch eine Küchenwaage ist normalerweise zu ungenau dafür. Mit einer präzisen Waage im Labor kann man ihn aber messen. Oder eben mit unserem maßgeschneiderten Salzwasser-Test.

Im Kübel erzeugen wir uns sozusagen ein künstliches Meer. Je mehr Salz im Wasser gelöst ist, desto stärker ist der Auftrieb. Im Toten Meer ist die Salzkonzentration so hoch, dass man, ohne einen Finger zu rühren, obenauf schwimmt und dabei sogar gemütlich Zeitung lesen kann. Wir schütten genau so viel Salz in den Kübel, dass die „Light"-Dose langsam aufsteigen kann. Damit ist das Experiment bereit zur Vorführung: Nimm beide Dosen heraus, versammle dein Publikum um den Kübel und lass es raten, was beim Eintauchen der beiden Dosen passieren wird.

Soda-Zitrone ist erfrischender

Zutaten:
1 Glas Sodawasser
1 Zitrone

Soda-Zitrone ist ein sehr erfrischendes Getränk, das gänzlich ohne Zucker auskommt. Und es bietet ohne viel Mühe ein kleines, aber feines physikalisches Schauspiel – allerdings nur, wenn beim Auspressen der Zitrone auch der eine oder andere Kern im Sprudelwasser gelandet ist. Hast du die Tauchgänge der Kerne schon einmal beobachtet? Zuerst sinkt der Kern zu Boden. Nach ein paar Sekunden kommt er wieder an die Oberfläche bevor er wieder abtaucht. Und so geht's immer weiter.

Wer treibt diese Tauchübungen an?

Wasser ist ein gutes Lösungsmittel. Man kann darin feste Stoffe wie Salz- oder Zuckerkristalle auflösen, sodass diese völlig unsichtbar werden. Wasser kann aber auch Gas aufnehmen. Kohlendioxid ist als farbloses, ungiftiges und geruchloses Gas in unserer Luft enthalten. Wir selbst bilden es in unserer Lunge und atmen es mit jedem Atemzug aus. Ein Liter Wasser kann eine ganze Menge davon in sich aufnehmen – den Inhalt eines kleineren Luftballons. Dazu muss das Gas mit großem Druck in das Wasser „hineingedrückt" werden. Im Prinzip müsste man also einfach den Mund auf ein Glas Leitungswasser ansetzten und fest ausatmen. Nur schafft unsere Lunge nicht den nötigen Druck. Die Sodamaschine hingegen schon. In einer kleinen Metallkapsel steckt reines Kohlendioxid-Gas. Beim Hineinschrauben öffnet sich das Ventil, das Gas schießt mit hohem Druck ins Wasser und löst sich dort auf. Je kälter das Wasser, desto mehr Gas kann es aufnehmen.

Gießt man das gashältige Wasser in ein Glas, dann erwärmt es sich langsam und kann nicht mehr die gesamte Gasmenge halten. Das Gas ist aber im Wasser gefangen und kann nicht einfach raus. Es muss sich irgendwo „anhalten" und kleine Bläschen bilden können. Das geht zum Beispiel an winzigen Unebenheiten der Glaswand. Oder an der rauen Oberfläche des Zitronenkerns, der am Grund liegt. Am Kern bilden sich also winzige Bläschen, die immer weiter wachsen. Nach ein paar Sekunden sind sie groß genug, um gemeinsam – wie Schwimmreifen – den Kern nach oben zu ziehen. An der Oberfläche angekommen verabschieden sie sich von ihrem „Fluchthelfer", entschwinden in die Luft und der Kern sinkt alleine wieder nach unten. Das Schauspiel wiederholt sich so lange, bis das Sodawasser „ausgeraucht" ist, also kaum mehr Kohlendioxid darin enthalten ist.

Der schlaue Fuchs erklärt

Der gleiche Effekt ist bei einem anderen einfachen Experiment im Spiel: Lass einen kleinen Ball (Flummi) im Sodawasserglas schwimmen und versetze ihn ein bisschen in Drehung. Er wird nicht mehr zu bremsen sein! Dort, wo der Ball am tiefsten ins Wasser taucht, halten sich wieder kleine Bläschen an, ziehen Richtung Oberfläche und treiben so die Drehung immer weiter an. Zusätzlich wirken die Bläschen als „Rollhilfe" zwischen Gummioberfläche und Wasser. Die Reibung wird dadurch verringert und der Ball dreht sich mit weniger Widerstand im Wasser. Genau denselben Effekt nutzt man bei Schiffen aus. Die sind so gebaut, dass sich bei voller Fahrgeschwindigkeit ganz vorne an der Spitze winzige Wasserbläschen bilden und nach hinten gespült werden. Der Schiffsrumpf gleitet also auf einem Bett aus Wasserbläschen mit deutlich kleinerem Widerstand übers Meer und kann so einiges an Treibstoff sparen.

Magische Muster

Zutaten:
2 Glasplättchen oder -scherben
Acrylfarben

Zwei Glasplättchen und ein paar Tropfen Acrylfarbe: Mehr braucht man nicht, um ein verblüffendes Experiment durchzuführen und gleichzeitig kleine Kunstwerke zu schaffen. Ideal dafür sind kleine Glasplättchen, die man bei einem Mikroskop als Objektträger verwendet. Falls keine zur Hand sind, kannst du auch zwei flache Glasscherben verwenden – aber nur, wenn ein Erwachsener die scharfen Kanten vorher mit Schleifpapier „entschärft" hat.

Verteile ein paar kleine Farbtropfen auf einer der Glasscherben – verschiedene Farben machen das Kunstwerk am Ende umso schöner. Lege die zweite Glasscherbe genau auf die untere und drücke vorsichtig so lange darauf, bis sich die Tropfen zu runden Kreisen ausbreiten. Sie sollten aber nicht zu stark ineinander fließen.

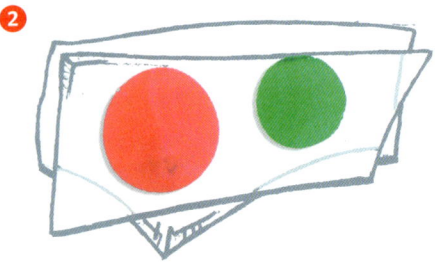

Jetzt kommt der wichtigste Griff: Ziehe die beiden Glasscherben auseinander, ohne dass sie dabei verrutschen. Das ist gar nicht so leicht! Die dünne Farbschicht hält die beiden glatten Flächen fest zusammen. Die Farbe besteht – wie jede Flüssigkeit – aus winzigen Teilchen, die sich zwar leicht aneinander vorbeibewegen können, aber immer einen ihrer Kollegen ganz nah bei sich haben wollen. Im Gegensatz dazu wollen die Teilchen eines festen Materials (also zum Beispiel eines getrockneten Farbtropfens) genau ihre Nachbarn behalten. Deswegen kann man Eiswürfel,

Steine und Salzstangen nicht verbiegen, ohne sie zu zerbrechen. Der flüssige Tropfen lässt sich problemlos verschmieren und quetschen, und daher kannst du die Glasplättchen leicht gegeneinander verschieben. Sobald du sie aber auseinanderziehen und damit die einzelnen Teilchen von ihren Nachbarn trennen willst, werden sie ganz böse und wehren sich dagegen. Daher musst du ganz schön fest ziehen. Falls es zu schwer geht, versuche die beiden Plättchen wie ein Buch zu öffnen.

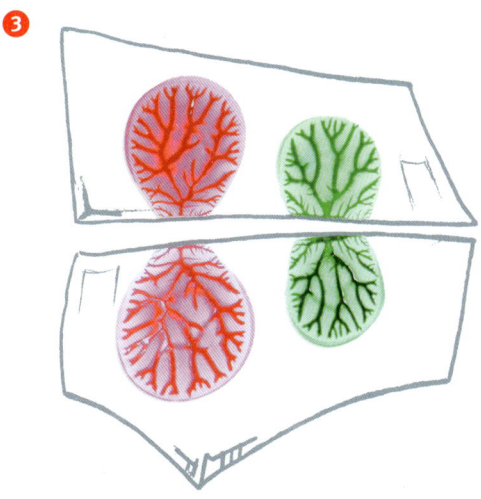

Was spielt sich im Tropfen ab?

In dieser kurzen Zeit des Auseinanderziehens spielt sich im flachgedrückten Farbtropfen ein spannendes Drama ab. Das einzelne Teilchen bemerkt, dass es seinen Nachbarn verlassen muss. Es sucht sich also den nächstbesten Nachbarn. Überall dort, wo sich mehrere Flüssigkeitsteilchen „zusammenrotten", bilden sich so etwas wie Haufen. Jedes Teilchen muss dabei blitzschnell entscheiden, zu welchem Haufen es dazugehören will. Der darf nicht zu weit entfernt sein, denn die Teilchen können nur eine kurze Strecke „rutschen". Stell dir den runden Farbfleck wie das Ziffernblatt einer Uhr vor. Die Teilchen im Bereich des Mittelpunkts haben es leicht. Sie liegen alle nahe beieinander und können problemlos dicke Haufen bilden. Je weiter draußen ein Teilchen ist, desto stressiger wird es. Vom „12-Uhr"-Strich schafft man es weder zur Mitte noch zum „3-Uhr"-Strich und schon gar nicht ganz hinunter zum „6-Uhr"-Strich. Damit jedes einzelne Teilchen einen Haufen erreicht, müssen sich die Haufen Richtung Rand immer weiter verzweigen. Deshalb bilden sich in der Mitte dicke Häufungsbereiche, die sich wie ein Baum immer weiter verzweigen und verästeln. Das Ergebnis dieser stressigen Trennungspanik ist daher ein verblüffend schönes Baummuster.

Der schlaue Fuchs erklärt

Ein Baum bildet dieses Muster übrigens aus einem anderen Grund: Er will so viel Sonnenlicht wie möglich auffangen und trotzdem bei einem starken Windstoß nicht sofort umknicken. Er braucht daher in der Mitte starke, dicke Äste, die sich nach außen hin immer weiter verästeln. Von der Seite betrachtet sieht der Baum daher sehr ähnlich wie unser Acrylfarbenmuster aus. Auch die Adern in unserem Körper – zum Beispiel in Lunge, Leber oder Niere – bilden ein ähnliches Muster. Offenbar ist diese verästelte Struktur die sparsamste und wirksamste Form, um ein Organ vollständig mit Blut zu versorgen. Wie dieses Muster aber genau aussieht, ist – genau wie bei deinen Glasplättchen-Mustern – sehr schwer vorherzusagen. Dafür ist die Chaostheorie zuständig. Mathematiker erforschen daher gemeinsam mit Ärzten ganz genau, wie solche Muster entstehen und wie sie aufgebaut sind. Dieses Wissen soll helfen, dass man bei Operationen möglichst keine wichtigen „Blutkanäle" verletzt und damit das Organ so wenig wie möglich stört.

Tipp:

Mein kleiner Assistent Rafael hatte eine gute Idee: Man kann sich das Baummuster wie einen Stempel auf den Arm drücken und bekommt so ein außergewöhnliches und schönes Tattoo. Sobald sie getrocknet ist, lässt sich Acrylfarbe allerdings nicht so leicht abwaschen. Das Tattoo bleibt dir wahrscheinlich einige Tage. Du kannst auch Fingerfarbe verwenden – die ist weniger hartnäckig und lässt sich leicht wieder abwaschen, macht aber dafür nicht so schön verästelte Muster.

Vortex-Kanone

Zutaten:
1 leere Konservendose (z.B. 800-Gramm-Bohnendose)
1 großer Luftballon
Gummibänder
Zündhölzer

ACHTUNG! Brandgefahr! Beim Hantieren mit Zündhölzern sollte unbedingt ein Erwachsener dabei sein.

Rauchringe gezielt quer durchs Zimmer schießen und eine Kerze elegant aus der Entfernung löschen – das kannst du mit der Vortex-Kanone. Lass dir beim Bauen und vor allem beim anschließenden Erzeugen von Rauch unbedingt von einem Erwachsenen helfen. Eine leere Konservendose ohne Deckel – z.B. eine 800-Gramm-Bohnendose – ist das Herzstück der Kanone. Verletze dich beim Auswaschen nicht bei den scharfen Kanten! Jetzt kommt der schwierigste Teil: In den Boden der Dose muss ein Loch rein, das knapp den halben Durch-

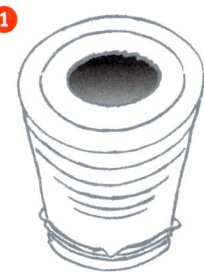

messer hat. In eine 10-Zentimeter-Dose muss also ein Loch von vier bis fünf Zentimetern Durchmesser. Am einfachsten schneidet man den ganzen Boden mit einem normalen Dosenöffner aus und ersetzt ihn durch eine Kartonscheibe mit Loch. Wenn der Karton ganz genau zugeschnitten ist, kann man ihn von hinten hineinschieben, bis er am Blechrand anliegt und damit fixiert wird; ansonsten einfach mit Klebeband befestigen. Falls geeignetes Werkzeug verfügbar ist, kann man das Loch natürlich auch direkt in den Blechboden schneiden.

Die freie Öffnung der Dose muss jetzt wie eine Trommel mit einer Gummihaut überspannt werden. Schneide dazu einen größeren Luftballon auf und befestige ihn mit mehreren starken Gummibändern. Spanne den Luftballon so stark, dass er beim Draufklopfen hörbare Töne erzeugt. Jetzt ist die Vortex-Kanone fertig und muss nur noch mit Rauch gefüllt werden. Falls nicht gerade eine Nebelmaschine zur Hand ist, geht das auch mit einfachen Streichhölzern. Die erzeugen beim Anzünden nämlich schönen Rauch. Aber wie zündet man ein Streichholz in der Dose an?

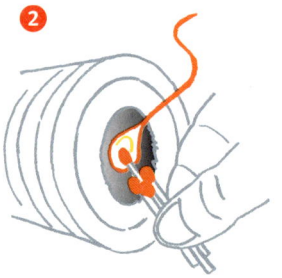

Die Dose liegt seitlich am Tisch. Lass einen Erwachsenen fünf Streichhölzer gleichzeitig nehmen, eines steht etwas vor und wird als „Zündschnur" angezündet. Jetzt die Zündhölzer schnell durch das Loch in die Dose halten. Nach wenigen Augenblicken zünden die restlichen vier und die Dose ist voller Rauch. Bevor die Dose durch die Flammen heiß wird, Zündhölzer schnell wieder herausziehen, ausblasen und los geht's. Ziele mit dem Dosenloch in die gewünschte Richtung und klopfe mit der anderen Hand auf den Gummi. Nach kurzer Zeit bekommst du ein Gefühl dafür, wie fest man klopfen muss, um elegante Ringe quer durchs Zimmer zu schießen. Am besten klopft man mit den ausgestreckten Fingern so auf die Gummihaut, dass die Finger ein paar Zentimeter im Gummi versinken. Also nicht die lockeren Finger gleich abprallen lassen, sondern mit ein bisschen

Kraft richtig in den Gummi eintauchen. Wenn du ganz genau zielst und die Dose beim Klopfen nicht verdrehst, kannst du damit sogar eine brennende Kerze aus einiger Entfernung „ausschießen".

Der Rauch wird nur gebraucht, um die Ringe sichtbar zu machen. Sie entstehen aber auch ganz ohne Rauch. Echte Profis können daher Kerzen auch ohne Rauchhilfe ausblasen. Das wäre eine gute Herausforderung für deine nächste Geburtstagstorte. Natürlich kannst du auch völlig gefahrlos deine Mitmenschen mit Rauchringen „abschießen". Es ist erstaunlich, über welche Entfernung man damit Gesicht und Haare spürbar treffen kann. Katzen finden die Ringe übrigens auch sehr spannend!

Was passiert in der Dose?

Beim Klopfen auf die Gummihaut wird eine kleine Schockwelle in der Dose erzeugt. Dadurch bewegt sich eine dünne Luftscheibe vom Gummi in Richtung Lochwand und prallt dort auf. Stelle dir diese Luftscheibe wie Knetmasse vor. Der mittlere Teil wird durch das Loch gequetscht und wölbt sich auf der Außenseite wie eine Halbkugel hinaus. Dabei dehnt sich die Knetmasse in der Mitte so lange, bis ein Loch aufreißt. Von außen sieht das aus wie ein runder Mund, der sich immer weiter öffnet. Der Rest unserer Knetmasse ist inzwischen auch durch das Dosenloch gerutscht. Die Knetmasse ist jetzt ein kurzes, dickes Stück Schlauch, das sich nach außen hin durchwölbt und aufringelt. So entsteht der Ring. Durch den Schwung des ursprünglichen Klopfens bewegt er sich durch den Raum und wird dabei ständig durchgeknetet. Diese Knetbewegung stabilisiert den Ring gleichzeitig – deshalb bleibt er so lange sichtbar. Der Ring erinnert an einen durchgekneteten Donut. Physiker sagen zu dieser Form „Vortex" und nennen die Kanone daher „Vortex-Kanone".

Lavalampe

Zutaten:
1 kleine Plastikflasche
Salatöl
Wasser
Tinte
Brausetabletten

Fülle eine kleine Plastikflasche zur Hälfte mit Wasser und färbe es mit ausreichend Tinte tiefblau wie den Ozean. Den Rest der Flasche – bis ca. drei Zentimeter unter den Rand – mit Salatöl aus der Küche auffüllen. Öl und Wasser werden dabei durcheinander gewirbelt, das Öl bildet größere und kleinere runde Tropfen. Aber die beiden Flüssigkeiten vermischen sich nicht wirklich. Nach kurzer Zeit sind sie vollständig getrennt: In der unteren Hälfte „liegt" das blaue Wasser, obenauf „schwimmt" das durchsichtige Öl. Verschließe die Flasche ganz dicht und schüttle sie vorsichtig. Jetzt sieht es auf den ersten Blick so aus, als ob sich ein trübes, hellblaues Gemisch gebildet hat. In Wirklichkeit wurden Öl und Wasser auch beim Schütteln nicht vermischt. Es sind einfach viel kleinere Öltröpfchen entstanden, die deutlich länger brauchen, um wieder nach oben zu wandern. Wenn du die Flasche lange genug ruhig stehen lässt, wird das Öl wieder perfekt „sauber". Wenn du zu kräftig geschüttelt hast, kann das allerdings ein paar Stunden brauchen. Im Gegensatz zu Wasser kann das Öl die blaue Farbe nicht aufnehmen.

Nach einiger Zeit sind die beiden Flüssigkeiten wieder getrennt. Nun können wir eine Lavalampe herstellen. Stell die Flasche dafür zur Sicherheit in eine große Schüssel oder in ein Waschbecken und öffne den Deckel. Falls eine Brausetablette (für ein Glas sprudelndes Multivitamin- oder sonstiges „Gesundheitssäftchen") zur Hand ist, brich sie auseinander und wirf ein Stück davon in deine Ölpest-Flasche. Die Tablette sinkt zu Boden. Durch die Berührung mit Wasser bildet sich an der Tablettenoberfläche das „Sodawassergas" Kohlendioxid in lauter Bläschen. Sobald die einzelnen Bläschen groß genug sind, reißen sie sich von der Tablette los und steigen auf. Dabei haben sie ausreichend Kraft,

um einen Tropfen vom blauen Ozeanwasser mit nach oben zu nehmen. Dieser wandert als blaues Kügelchen durch die Ölschicht, lässt seinen Schwimmreifen wieder los und sinkt zurück nach unten. Dieses Schauspiel erinnert an die sogenannten Lavalampen, die man im Baumarkt als beruhigenden Einrichtungsgegenstand kaufen kann.

Warum verbinden sich Wasser und Öl nicht?

Öl ist nicht nur dickflüssiger als Wasser, es ist auch ein bisschen leichter und schwimmt deshalb immer obenauf. Oder anders gesagt: Das Wasser ist schwerer, sinkt nach unten und drückt das Öl an die Oberfläche. Das gilt für Salatöl genauso wie für Sonnenöl. Deshalb sieht man im Schwimmbad oft eine hauchdünne, schillernde Ölschicht im Becken. Die Badegäste reiben ihre Haut dick mit Öl ein, ein Teil davon wird vom Wasser heruntergespült und bleibt im Becken.

Der schlaue Fuchs erklärt

Etwas Ähnliches passiert bei einer Erdölkatastrophe: Wie der Name schon sagt, findet man Erdöl tief unten in der Erde. Man bohrt einfach senkrecht in den Boden. Wenn man Glück hat, findet man einen unterirdischen Erdölsee, pumpt das Öl herauf und erzeugt daraus dann

Benzin, Heizöl und viele andere Dinge. Manche dieser Erdölseen liegen unter dem Meeresboden. Die sind natürlich sehr schwierig zu erreichen. Weil man mit dem Verkauf von Erdöl aber sehr, sehr viel Geld verdienen kann, gibt es Firmen, die auch dieses Öl unbedingt bekommen wollen. Die bauen dann eine künstliche Insel mitten ins Meer. Die sieht aber nicht so schön aus, wie man sich eine Insel normalerweise vorstellt – mit Palme und Sandstrand. Es ist eine aus Beton und Stahl gebaute Fabrik und steht auf mehreren Säulen, die bis hinunter zum Meeresboden reichen. In den Säulen wird der Bohrer hinuntergelassen und bohrt dann so tief, bis man das Öl erreicht.

Jetzt muss das Öl noch durch die Säule den ganzen Weg hinauf bis zur Insel kommen, wo es dann in riesige Tankschiffe gefüllt und an Land gebracht wird. Dabei wird ein Trick verwendet: Man bohrt ein zweites Loch bis zum Erdölsee und lässt dort das Meerwasser hinein. Das Meerwasser ist schwerer als Erdöl und drückt daher mit seinem ganzen Gewicht auf den Ölsee. Dadurch wird das Erdöl in der Säule bis ganz hinauf zur Insel gedrückt und muss gar nicht heraufgepumpt werden. Das funktioniert gut, solange das Säulen-Rohr in Ordnung ist. Aber wehe, wenn etwas passiert! Im Jahr 2010 ist durch einen Unfall eine solche Bohrinsel explodiert. Dabei wurde auch die Säule aus dem Boden gerissen und plötzlich lag das Loch im Meeresboden offen da. Jetzt konnte niemand mehr das Öl kontrollieren. Es schoss mit unglaublicher Kraft aus dem Loch heraus, weil im anderen Loch das Meerwasser mit seinem tonnenschweren Gewicht auf den Ölsee drückte. Die Firma war völlig überfordert und hat mehrere Wochen gebraucht, um das Loch endlich zu stopfen. In dieser Zeit sind unglaubliche Mengen Öl ins Meer geflossen und – genau wie in deiner Flasche – an die Oberfläche gestiegen. Dort hat das schwarze Öl einen riesigen „Ölteppich" gebildet, der sich immer weiter ausgebreitet und auch den Strand erreicht hat. In dem Ölteppich erstickten nicht nur zahlreiche Vögel und Meeresbewohner, es wird auch Jahre dauern, bis man die Strände von der klebrigen Masse gereinigt hat.

Solange wir aber unsere Autos mit Benzin tanken, mit dem Flugzeug in den Urlaub fliegen oder unsere Wohnungen mit Heizöl heizen, wird so viel Erdöl benötigt, dass auch die am schwierigsten erreichbaren Ölvorräte angebohrt werden. Im Grund sind also wir alle für die Gefahren und die Verschmutzung von Luft und Wasser mit verantwortlich.

Hirsebällchen im Sektglas

Zutaten:
1 Sektglas
Hirsebällchen

Hirsebällchen sind nicht nur eine knusprig-leichte Aufbesserung der Schuljause oder als Stärkung für zwischendurch geeignet. Du kannst damit auch ein physikalisches Geschicklichkeitsspiel veranstalten – ideal zum Beispiel bei Geburtstagspartys! Das ist nicht nur eine neue Idee, sondern kommt im Gegensatz zu den Klassikern „Elektrisches Zuckerl" oder „Topfklopfen" ohne massiven Zuckerschock aus.

Alle Teilnehmer sitzen voll konzentriert um einen Tisch, jeder hat vor sich ein sauberes Sektglas (das sind die schmalen, hohen Weingläser) mit einem Hirsebällchen darin. Nach dem Startkommando versucht jeder, das Bällchen zu essen. Die Hände bleiben dabei unter dem Tisch und das Glas darf nicht umgewor-

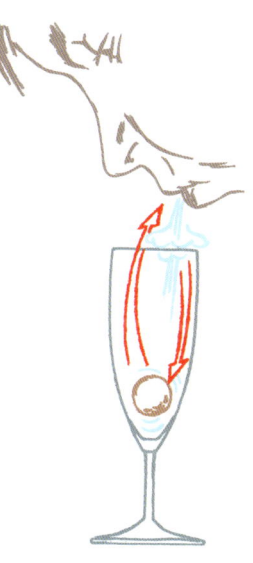

fen werden! Wer einen Froschkönig als Ur-Ur-Groß-vater und deshalb eine besonders lange Zunge hat, ist hier eindeutig im Vorteil. Alle übrigen müssen sich eine andere Lösung suchen. Böse anschauen, betteln oder hypnotisieren hilft meist nicht weiter. Bisher bester Vorschlag: gefühlvoll von oben reinblasen. Durch den Luftstrom wird das Bällchen nach oben geschleudert. Jetzt heißt es, genau im richtigen Moment aufhören zu blasen und mit den Lippen zuschnappen – und schon knistert das Bällchen zwischen den Zähnen des Gewinners.

Wie kommt das Hirsebällchen nach oben?

Das Glas ist nur scheinbar leer. In Wirklichkeit ist es gefüllt mit – Luft! Sobald man von oben hineinbläst, wird es für die Luft eng im Glas. Der Druck steigt und die Luft muss irgendwie hinaus. Im Glas entsteht ein Luftwirbel und eine Strömung gerade nach oben. Die ist stark genug, um das federleichte Bällchen mitzureißen. Jetzt kommt es auf das richtige Timing an. Wer stur weiterbläst, bis das Bällchen an die Lippen stößt und anschließend im abwärts gerichteten Strom wieder hinunter düst, bekommt es nicht. Die Kunst besteht darin, durch einen gefühlvollen Luftstoß dem Hirsebällchen genau so viel Schwung mitzugeben, dass es zwischen die blitzschnell geöffneten Lippen fliegt und dort genussvoll festgehalten wird.

Aber Achtung: Die Physik sorgt auch dafür, dass man nicht zu viele Versuche hat! Unsere Atemluft ist ziemlich feucht und kommt mit ca. 36°C aus der Lunge. Im Glas wird die Luft auf Zimmertemperatur abgekühlt und kann die Feuchtigkeit nicht mehr halten. Winzig kleine Wassertröpfchen setzen sich daher an der Glasoberfläche fest und machen das Sektglas innen immer feuchter. Nach einigen Fehlversuchen bleibt das Hirsebällchen im Glas kleben und rührt sich nicht mehr von der Stelle.

Zuckerstücke mit Tinte

Zutaten:
3 Stück Würfelzucker
2 oder 3 Tintenpatronen mit unterschiedlichen Farben
1 kleiner Teller
etwas Wasser

Lege drei Zuckerstücke im Dreieck an den Rand eines kleinen Tellers und färbe die Zuckerwürfel mit jeweils einigen Tropfen Tinte unterschiedlich ein. Wenn du nur zwei Farben zu Hause hast, kann ein Würfel auch weiß bleiben. Fülle jetzt ganz vorsichtig Wasser in die Mitte des Tellers, sodass alle Würfel etwa bis zur Hälfte im Wasser stehen. Die Würfel sollen dabei nicht verrutschen! Schon nach kurzer Zeit beobachtest du ein erstaunliches Schauspiel: Rund um jeden Würfel breitet sich ein rundlicher Farbfleck immer weiter aus. Sobald sich aber zwei Farben berühren, mischen

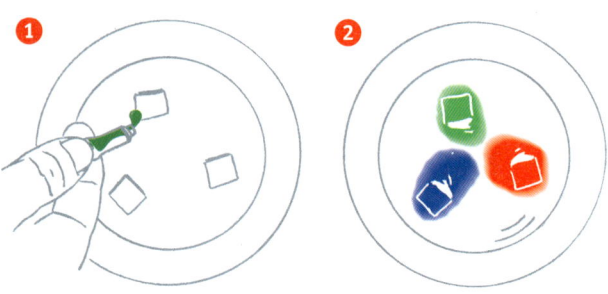

sie sich nicht, sondern bilden eine deutlich erkennbare Grenze aus. So entstehen drei klar getrennte farbige Dreiecke. Erst nach sehr langer Zeit beginnen sich die Farben zu mischen. Mit einer Kamera kannst du die Entstehung der Dreiecke gut dokumentieren.

Was passiert da?

Jeder Zuckerwürfel löst sich im Wasser auf und bildet eine sogenannte Zuckerlösung. Rund um jeden Würfel ist die Zuckerkonzentration sehr hoch (extrem süßes Zuckerwasser), während in der Mitte des Tellers noch kein Zucker angekommen ist. Diese Ungerechtigkeit will die Natur ausgleichen, der Zucker breitet sich daher immer weiter vom zerfallenden Würfel aus. Weil wir ihn vorher eingefärbt haben, können wir dabei genau zusehen. Der Zucker wandert in alle Richtungen gleich schnell drauflos und nimmt „seine" Tinte einfach mit, daher bildet sich um jeden Würfel ein rundlicher Farbfleck. Wenn sich aber zwei Farbkreise treffen, ist an dieser Stelle die Ungerechtigkeit ausgeglichen. Es herrscht kein Konzentrationsunterschied mehr, und damit gibt es keinen Grund, warum die beiden Farben ineinander wandern und sich mischen sollten. Sobald alle drei Farben in der Tellermitte angekommen sind, kommt die schnelle Zuckerausbreitung zum Stillstand, da ja jetzt am ganzen Teller eine ziemlich ausgeglichene und gerechte Zuckerkonzentration herrscht. Die klaren, geraden Farbgrenzen bleiben daher sehr lange Zeit bestehen, bis sie sich dann durch zufällige Bewegungen der im Wasser aufgelösten Zuckerteilchen doch allmählich durchmischen.

Der schlaue Fuchs erklärt

Dieser Gerechtigkeitssinn der Natur, unterschiedliche Konzentrationen immer möglichst auszugleichen, begegnet uns im Alltag immer wieder. Wenn Regentropfen auf reife Kirschen fallen, herrscht ein großer Konzentrationsunterschied zwischen dem reinen Regenwasser außen und der süßen Fruchtflüssigkeit in der Kirsche. Um diese Ungerechtigkeit auszugleichen, wandert so viel Regenwasser durch die Kirschhaut in die Frucht, bis diese schließlich platzt. Daher findet man nach einem Regen besonders viele aufgeplatzte Kirschen. Physiker nennen diesen Vorgang Osmose.

Automatische Mülltrennung

Zutaten:
1 Luftballon
Salz- und Pfefferstreuer

Streue Salz und Pfeffer auf einen großen, flachen Teller. Jetzt bitte jemanden, die weißen von den schwarzen Körnchen möglichst schnell zu trennen. Das sieht nach einem ziemlich mühsamen Auftrag aus. Mit Pinzette, Wattestäbchen oder Zahnstocher benötigt man dafür eine Ewigkeit. Die Physik kann einem da ganz schön hilfreich sein. Du brauchst dazu nur einen aufgeblasenen, verknoteten Luftballon. Nimm den Ballon fest in eine Hand und reibe damit über deine Kleidung – am besten immer in dieselbe Richtung. Also zum Beispiel an der Schulter ansetzen, den Ärmel entlangreiben, abheben und zurück zur Schulter, wieder am Stoff hinunterreiben und das Ganze ein paar Mal wiederholen. Nähere den Ballon jetzt ganz vorsichtig dem Teller. Wenn du nur mehr ein paar Zenimeter entfernt bist, hört man plötzlich ein feines Prasseln. Jetzt mit dem Ballon stehen bleiben, und sobald das Prasseln schwächer wird, wieder entfernen. Schau dir den Ballon an. Dort kleben jetzt lauter schwarze Pfefferbrösel, während am Teller fast nur noch Salzkörner liegen.

Was passiert da?

Der Ballon wird durch das Reiben an der Kleidung elektrisch aufgeladen. Elektronen sind winzige Teilchen, die in jedem Material zu finden sind. Durch das Reiben sammelt der Ballon solche Elektronen vom Stoff deiner Kleidung auf (am besten geht das übrigens mit einem Wollpullover). Wenn sich der Ballon dem Gemisch aus Salz und Pfeffer nähert, verschieben sich auf jedem Körnchen die Ladungen und dadurch zieht der Ballon die Körnchen zu sich. Die gemahlenen Pfefferkörner sind normalerweise kleiner als Salzkörner, daher kann der Ballon die Pfefferteilchen aus größerer Entfernung zu sich ziehen. Wenn du den Ballon noch näher an den Teller bringst, „saugt" er auch die schwereren Salzkörner auf.

Der schlaue Fuchs erklärt

Hast du schon einmal beim Berühren eines Autos einen unangenehmen Stromschlag bekommen? Grund dafür ist genau so eine „elektrostatische Aufladung", die sich spürbar entlädt. Die meisten Menschen machen dafür das Auto verantwortlich und verfluchen es bei dieser Gelegenheit gleich kräftig. In Wirklichkeit ist nicht das Auto aufgeladen, sondern der Mensch hat an seiner Oberfläche durch genau dieselbe „Reibungselektrizität" wie unser Luftballon geladene Elektronen angesammelt. Dafür kann die Reibung der Schuhsohlen am Asphalt genauso verantwortlich sein wie die Reibung der Kleidung am Autositz beim Aussteigen. Sobald man das Metall des Autos berührt, kann die aufgestaute Ladung über das Auto abfließen. Wenn viele Elektronen sich in dieselbe Richtung bewegen, dann fließt ein elektrischer Strom. In diesem Fall fließt er vom Körper über die Fingerspitze in die Metallkarosserie des Autos.

Manchmal hängt hinten am Auto ein schwarzes Gummiband samt Metallschicht und schleift am Boden. Damit soll das vermeintlich geladene Auto entschärft werden. In Wahrheit bringt dieser „Blitzableiter" gar nichts, sondern sorgt nur dafür, dass die am Mensch aufgestaute Ladung noch besser und damit heftiger abfließen kann.

Fliegender Teebeutel

Zutaten:
1 Teebeutel
Schere
Feuerzeug

ACHTUNG! Beim Hantieren mit dem Feuerzeug sollte unbedingt ein Erwachsener dabei sein.

Teebeutel stellen die überzeugten Mülltrenner unter uns vor eine große Herausforderung: Zuerst müssen die beiden Metallklammern vorsichtig mit einer Schere oder einer kleinen Zange gelöst und zur Altmetallsammlung gebracht werden. Das kleine Kartonetikett kommt zum Altpapier und die Schnur wohl am ehesten zur Kleidersammlung. Die Teekräuter kann man nach Gebrauch im Biomüll entsorgen. Aber was macht man mit dem Teebeutel? Altpapier? Kleidersammlung? Biomüll? Eigentlich passt er nirgendwo hin. Und in den Restmüll kommt bei einem Profi-

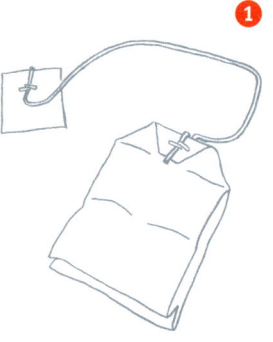

Mülltrenner gar nichts – das ist doch Ehrensache.

Da bleibt nur eins: verbrennen! Falte einen trockenen, leeren Teebeutel vorsichtig auseinander und forme eine möglichst lange runde Röhre daraus. Stelle sie senkrecht auf einen Teller und schließe alle Fenster, denn jeder Lufthauch würde die Röhre umblasen. Jetzt lass dir von einem Erwachsenen dabei helfen, die Röhre am oberen Ende anzuzünden. Aber Achtung: Kein Zündholz verwenden, beim Ausblasen fällt sie sonst garantiert um. Ab jetzt am besten Luft anhalten, kurz warten ... und staunen. Sobald das Feuer bis zum Boden heruntergebrannt ist, erhebt sich der glühende Rest der Teebeutelröhre lautlos in die Luft und schwebt majestätisch bis zur Zimmerdecke.

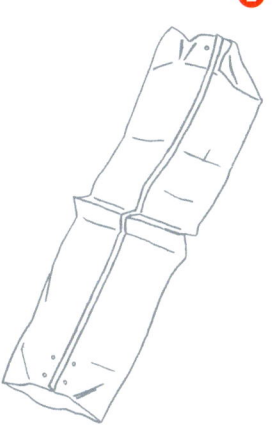

Warum fliegt der Teebeutel?

Der Teebeutel besteht aus einem gut brennbaren Material. Während das Feuer nach unten brennt, wird die Luft erhitzt und steigt senkrecht nach oben. Wie das Wasser bei einem Springbrunnen strömt die Luft senkrecht nach oben. Wenn der Teebeutel-Schlauch abgebrannt ist, bleibt nur noch eine hauchdünne glühende Aschenröhre übrig, die von diesem Luftstrom problemlos mitgerissen wird.

Wie grillt man eine Gans ohne Feuerzeug?

Zutaten:

Lupe

schwarzes Papier oder welkes Laubblatt

Eine Lupe ist nicht nur sehr praktisch, um kleine Insekten zu beobachten oder einen lästigen Dorn in der Haut zu finden. Mit physikalischem Fachwissen und viel Geduld kann man damit sogar (wie das der schlaue Fuchs am Cover dieses Buchs versucht) ein Feuer anzünden – vorausgesetzt, die Sonne scheint. Die Lichtstrahlen der Sonne kommen alle nebeneinander auf die Erde, wie auf einer breiten Autobahn. Hält man eine Lupe voll in die Strahlen, werden diese gezielt umgelenkt und treffen sich alle gemeinsam im sogenannten Brennpunkt ein paar Zentimeter hinter der Lupe.

ACHTUNG! Niemals durch die Lupe in die Sonne schauen! Durch die gebündelte Energie der Strahlen kann das Auge schwer verletzt werden. Auch auf der Haut kann der Brennpunkt sehr schmerzhaft sein! Es besteht Brandgefahr! Beim Entzünden eines Feuers sollte unbedingt ein Erwachsener dabei sein.

Am besten verwendest du ein welkes Laubblatt, um den Brennpunkt zu suchen. Fang mit dem Blatt die Sonnenstrahlen hinter der Lupe auf. Jetzt solltest du einen hellen, kreisrunden Fleck sehen. Falls er eher wie eine „8" oder eine Blumenvase aussieht, dann steht deine Lupe nicht genau quer zur „Strahlenautobahn". Verändere die Neigung der Lupe so lange, bis der Lichtfleck schön rund ist. Jetzt musst du nur noch den

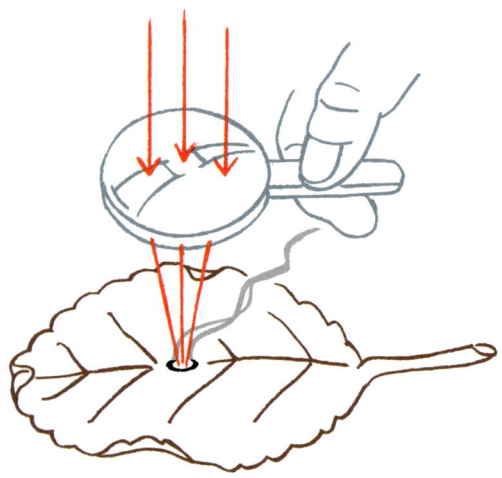

richtigen Abstand finden. Geh vorsichtig von der Lupe weg und beobachte den Fleck. Wird er kleiner, dann stimmt die Richtung. Ansonsten nähere dich langsam der Lupe an, bis der Fleck zu einem Punkt geschrumpft ist. Eine Sonnenbrille kann dafür nützlich sein! Jetzt

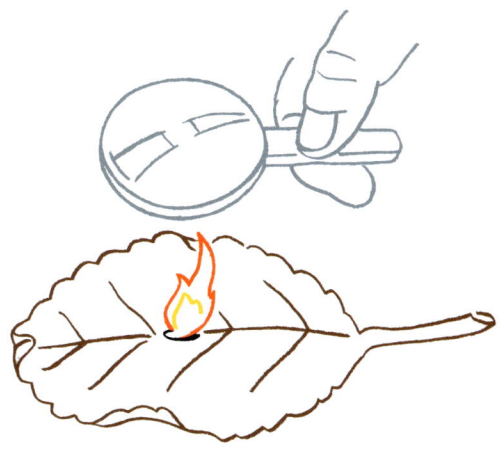

wird die gesamte von der Lupe eingefangene Sonnenenergie auf einen Punkt konzentriert. Da wird es ganz schön heiß. Wenn du es schaffst, völlig still zu halten, steigt schon nach wenigen Augenblicken Rauch auf. Das Blatt verschmort durch die Hitze sofort. Durch gezieltes Entlangfahren mit dem Leuchtpunkt kannst du sogar Zeichen und Buchstaben in das Blatt brennen.

Warum soll das Papier schwarz sein?

Schwarzes Papier beginnt im Brennpunkt der Sonnenstrahlen viel schneller zu rauchen als weißes. Das liegt daran, dass sich die Farbe eine Blattes Papier (und jeder anderen Oberfläche) daraus ergibt, welche Anteile des

Sonnenlichts „verschluckt" und welche zurückgeworfen (reflektiert) werden. Im Sonnenlicht sind alle Farben enthalten – das sieht man am schönsten beim Regenbogen, wo das weiße Licht durch Wassertröpfchen in all seine Bestandteile zerlegt wird. Die Farbe einer Oberfläche wird durch ihre „Farbfressgewohnheiten" bestimmt.

Das Sonnenlicht trifft zum Beispiel auf ein T-Shirt, dieses „frisst" fast alle Regenbogenfarben auf, nur der rote Anteil schmeckt ihm nicht. Den spuckt es einfach wieder aus, wirft ihn zurück und so landet er in unserem Auge. Für uns sieht das T-Shirt daher rot aus. Ein weißes T-Shirt ist ganz besonders heikel, es mag keine einzige Farbe und spuckt das gesamte Licht wieder aus. Das schwarze T-Shirt hingegen ist ganz besonders gefräßig: Es frisst den gesamten Regenbogen auf und gibt gar kein Licht mehr zurück und erscheint daher schwarz. In den Sonnenstrahlen steckt aber auch Wärmeenergie. Wer alle Strahlen schluckt, wird auch am schnellsten heiß. Daher verschmort das schwarze Blatt viel schneller als das weiße, das einen Großteil der Strahlen reflektiert. Das ist auch der Grund, warum sich schwarze Autos in der Sommersonne schneller aufheizen und die schwarzen Streifen am Asphalt beim Barfußgehen besonders unangenehm heiß sind.

Der schlaue Fuchs erklärt

Um wirklich ein Feuer mit der Lupe zu entzünden, braucht man sehr viel Geduld, ähnlich wie beim Feuerstein. Ein paar Funken kann man durch das Aneinanderschlagen von Feuersteinen relativ leicht erzeugen, aber wie bringt man damit ein Lagerfeuer in Gang? In der menschlichen Urzeit, als es noch keine Feuerzeuge und Streichhölzer gab, verwendeten unsere Vorfahren dafür den Zunderschwamm, den man an Baumstämmen finden kann. Damit er von einem einzigen Funken zum Glimmen gebracht werden kann, muss man ihn aber sehr aufwändig vorbereiten – unter anderem in Urin einlegen und kochen, zerkleinern, ausklopfen, trocknen und walken. Wem das zu mühsam ist, kann mit dem Bleistiftspitzer trockene Äste zerkleinern oder weiße Birkenstämme abkratzen und versuchen, diese Blättchen als „Zunder" zu verwenden. Wirklich gefährlich wird es dabei für die Gans am Cover aber eher nicht ...

Die Wolke im Wohnzimmer

Zutaten:
saubere 1,5-l-Plastikflasche mit Schraubverschluss
(farblos, ohne Etikett)
Zündhölzer
evtl. Laserpointer

Diesen Trick habe ich von meiner Kollegin Tamara Pinterich. Sie erforscht als Physikerin, wie Wolken entstehen. Das kannst auch du zu Hause im Wohnzimmer ausprobieren. Spüle eine saubere Plastikflasche sorgfältig aus, fülle eine Tasse lauwarmes Wasser ein und verschließe sie gut. Stelle die Flasche auf einen Tisch, drücke sie in der Mitte so fest du kannst zusammen und lass sie schnell wieder aus. Hat sich schon eine Wolke in der Flasche gebildet?

Wolkenforscher überprüfen das mit Laserlicht. Falls du einen Laserpointer zu Hause hast, kannst du es genauso machen: Leuchte damit quer durch die Flasche. Wenn der Laserstrahl im Inneren der Flasche nicht zu sehen ist, hat sich noch keine Wolke gebildet. Dazu braucht es noch eine Spezialbehandlung. Lass dir dabei von einem Erwachsenen helfen. Öffnet die Flasche, zündet ein Zündholz an und wenn es schön brennt, lasst es einfach in die Flasche fallen. Sobald es im Wasser landet, wird es sofort gelöscht.

Jetzt wieder den Deckel gut zudrehen, Flasche fest zusammendrücken und schnell auslassen. Für kurze

Zeit bildet sich in der Flasche deutlich sichtbar eine Wolke. Wenn ihr zu zweit forscht, kann eine Person zusammendrücken, während die andere den Laserpointer bedient. In der Wolke ist der Laserstrahl dann über die gesamte Länge gut sichtbar.

Wie entsteht die Wolke?

Hast du dir schon einmal überlegt, wohin das Wasser verschwindet, wenn eine Pfütze auf der Straße oder deine Badehose nach dem Schwimmen trocknet? Es kann doch nicht einfach verschwinden! Wenn es warm genug ist, wird aus dem flüssigen Wasser unsichtbarer Wasserdampf, und den kann die Luft einfach aufnehmen. Je wärmer es ist, desto mehr davon kann die Luft „behalten". Wird sie allerdings stark abgekühlt, muss sie den Wasserdampf wieder abgeben. Das passiert zum Beispiel an einem kalten Bierglas. An der Glasoberfläche kült die Luft ab, und der vorher unsichtbare Wasserdampf setzt sich in unzähligen winzigen Tröpfchen am Glas fest. Das nennt man „Kondenswasser". Wenn das Bier ausgetrunken ist und das Glas sich erwärmen kann, verschwindet die Tröpfchenschicht wieder.

Dasselbe passiert mit warmer, feuchter Luft, die in den Himmel hinaufsteigt. Dort oben ist es bitterkalt. Wer schon einmal mit dem Flugzeug geflogen ist, weiß das: Im Flugzeug gibt es immer einen Bildschirm, auf dem die Außentemperatur angezeigt wird. Das sind normalerweise -50°C! So kalt wird es bei uns nicht einmal im tiefsten Winter. Bei dieser Temperatur kann die Luft den Wasserdampf nicht mehr halten. Wie beim Bierglas bilden sich Millionen von winzigen Wassertröpfchen und werden als Wolke am Himmel sichtbar.

In deiner Plastikflasche verdunstet ein Teil des Wassers vom „See" am Flaschenboden. Wenn du die Flasche zusammendrückst, erwärmt sich die Luft ein bisschen und kann noch etwas mehr Wasserdampf aufnehmen. Beim schnellen Auslassen kühlt sie wieder ab und muss den Wasserdampf wieder abgeben. Um eine Wolke aus winzig kleinen Tröpfchen bilden zu können, muss sich der Dampf aber irgendwo „festhalten". Dazu braucht er Luftverschmutzung: winzig kleine Schmutzpartikel, die unsichtbar durch die Luft schweben. In der sauberen Flasche sind nur wenige davon enthalten, daher werden kaum Wolkentröpfchen sichtbar. Das brennende Streichholz erzeugt hingegen viele winzige Rußpartikel, die sich in der Flasche verteilen. An diesen „Kondensationskeimen" kann sich der Dampf „festhalten" und es entstehen viel mehr Tröpfchen, die als Wolke in der Flasche sichtbar sind.

Ohne Wolke kann der Laserstrahl ungehindert die Flasche queren und bleibt aus einem seitlichen Blickwinkel weitgehend unsichtbar. In der Wolke „stößt" der Lichtstrahl ständig mit Tröpfchen zusammen, die einen Teil des Lichts in alle Richtungen ablenken. Einige dieser „gestreuten" Strahlen landen zufällig in deinem Auge und machen damit den Laserstrahl sichtbar.

Der schlaue Fuchs erklärt

Wer schon einmal einen heißen Kinderpunsch am Christkindlmarkt getrunken hat, konnte ähnliche „Wolkentröpfchen" beobachten: Das heiße Wasser verdampft, kondensiert in der kalten Winterluft sofort und ist als aufsteigender „Nebel" sichtbar. Wenn man dasselbe „Experiment" am Nordpol durchführt, ist erstaunlicherweise kein „Nebel" über der Tasse zu sehen. An der Temperatur kann es nicht liegen – am Nordpol ist es zu Weihnachten mindestens so kalt wie bei uns. Der Grund ist einfach: Die Luft am Nordpol ist zu sauber! Dort gibt es keine Autos, Schornsteine von Häusern oder Fabriken, die Unmengen Ruß in die Luft blasen. Daher sind in der Nordpol-Luft kaum Rußpartikel, an denen sich Nebeltröpfchen bilden können und der Punsch „verdampft" unsichtbar.

Deutlich sichtbar sind hingegen die „Kondensstreifen" hinter einem Düsenflugzeug am blauen Himmel. Im Triebwerk entstehen durch die Verbrennung von Treibstoff beide Zutaten: Wasserdampf und Rußpartikel. Bei ausreichender Flughöhe (ab ca. 8000 Meter) ist die Temperatur so tief, dass der Wasserdampf an den Rußteilchen zu Tröpfchen kondensiert und dann meist auch noch zu Eiskristallen friert, die dann von der Erde aus deutlich sichtbar sind. Wenn du ganz genau (mit einem Fernglas) schaust, fällt dir sicher auf, dass der Kondensstreifen erst ein Stück hinter dem Flügel beginnt. So lange braucht das Verbrennungsgas, um ausreichend abzukühlen.

Profi-Wolkenmaschine

Zutaten:
saubere 1,5-l-Plastikflasche mit Schraubverschluss
(farblos, ohne Etikett)
Zündhölzer
evtl. Laserpointer
Weinflaschenkorken (am besten aus Kunststoff)
Fahrradpumpe
Ballnadel (Aufsatz der Fahrradpumpe)

Je größer der Druckabfall in der Flasche, desto dichter und schöner wird die Wolke. Um eine echte Profi-Wolke zu erzeugen, brauchst du einen (Kunststoff-)Korken, der gerade so dick ist, dass du die Plastikflasche damit gut verschließen kannst. Kürze den

1

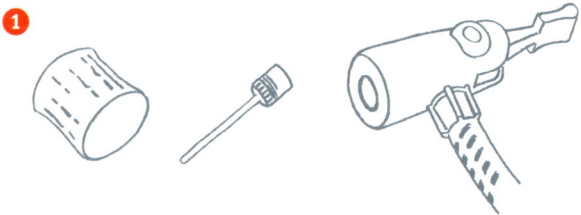

Korken auf die Hälfte – das geht am besten mit einem Brotmesser. Jetzt musst du nur noch Luft durch den Korken in die Flasche pumpen. Stecke eine Ballnadel (die schließt man an die Fahrradpumpe an und pumpt damit normalerweise Fußbälle auf) einfach durch

den Korken und schon kannst du in der Flasche einen richtig hohen Druck erzeugen. Am besten macht ihr das zu zweit: Eine Person pumpt, während die andere den Korken festhält, damit er nicht zu früh aus der Flasche poppt. Irgendwann lässt er sich aber ohnehin nicht mehr halten, schießt heraus und die Flasche ist schlagartig mit dichtem Nebel gefüllt. Durch Zusammendrücken kann man diesen sogar herausquetschen.

Die Wolkenmaschine als Hochleistungsrakete:

Dieser Experiment-Aufbau lässt sich übrigens noch ganz anders benutzen – du musst dazu nur die Flasche auf den Kopf stellen! Eine Person stützt jetzt den Korken samt Pumpenanschluss am Boden ab und hält die Flasche senkrecht nach oben, während die andere Person kräftig hineinpumpt.

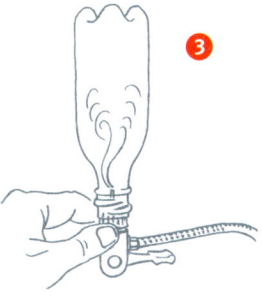

ACHTUNG! Verletzungsgefahr! Niemals über die Flasche beugen! Sobald der Druck ausreichend groß ist, poppt der Korken wieder heraus. Aber diesmal schießt die Flasche als Rakete in die Luft. Je fester der Korken in der Flasche steckt, desto höher steigt der Druck vor dem Abschuss und desto höher fliegt die Rakete. Wenn du die Flasche ein Drittel mit Wasser als „Raketentreibstoff" füllst, kannst du sogar mehrstöckige Häuser überschießen.

Wer treibt die Rakete an?

Jede Rakete funktioniert nach dem Rückstoßprinzip. Stell dir vor, du sitzt auf einem Bürostuhl mit Rollen und schießt einen Basketball senkrecht nach vorne. Was passiert dabei mit dir? Wenn der Boden ganz glatt ist, wirst du ein paar Zentimeter nach hinten rollen. Der Ball bekommt einen Stoß nach vorne und als Ausgleich spürst du als Werfer einen Rückstoß genau in die Gegenrichtung. Beim zweiten Mal verwendest du statt eines leichten, luftgefüllten Basketballs einen schweren Medizinball. Wenn du den mit derselben Geschwindigkeit nach vorne schießt, rollst du deutlich weiter nach hinten. Der Rückstoß hängt von der Geschwindigkeit und dem Gewicht (genauer gesagt: von der „Masse") des weggeschleuderten Gegenstands ab.

Zurück zur Flaschenrakete: Diesmal ist die Flasche der „Werfer". Zuerst verwenden wir eine leere Flasche, pumpen Luft hinein und beim „Plopp" schießt diese mit hoher Geschwindigkeit nach unten. Das entspricht dem luftgefüllten Basketball.

Wir haben schon beim Experiment „Cola-Dose schrumpfen mit Dampf" (siehe S. 19) herausgefunden, dass Luft zwar scheinbar nichts wiegt, aber trotzdem eine Masse hat. Diese ist allerdings viel, viel kleiner als die Masse von Wasser. Daher spürt auch die nur mit Luft gefüllte Flasche beim Ausströmen der Luft einen Rückstoß und fliegt nach oben. Wenn aber die Flasche zum Teil mit Wasser gefüllt ist, schießt dieses nach dem „Plopp" als Erstes nach unten und die im Vergleich zum Wasser „federleichte" Plastikflasche erfährt einen sehr starken Rückstoß und startet mit enormer Geschwindigkeit in den Himmel. Warum es bei einem Drittel Wasser am besten funktioniert, kann man mit der sogenannten „Raketengleichung" berechnen, die auch im Prinzip die Funktion jeder echten Mondrakete beschreibt. Ob die Raketengleichung tatsächlich stimmt, kannst du gerne durch eine gezielte Testreihe mit unterschiedlichen Wasserfüllungen erforschen. So macht Physik Spaß!

PERLEN-REIHE

Kinderspiele
für drinnen und draußen
Bernhard Strauch

Band 696 • ISBN 978-3-99006-020-9

Die beliebtesten Kinderspiele für alle Gelegenheiten.
Ein praktischer Ratgeber für die Hosentasche.
Für Kinder jeden Alters.

Erhältlich im gut sortierten Buchhandel.

Verlag Perlen-Reihe
www.perlen-reihe.at